KB075022

왕초보
Basic English
기초 영어 입문

Basic English

기초영어입문

어학연구소 지음 | 차종환 박사 감수

도서출판 사사연

Contents

부록

Preface

영어는 이미 우리 사회의 기본언어가 되었다.

영어를 배우고 있는 학교는 말할 것 없고, 가정과 직장 그리고 사회 어느분야 어느 직업을 막론하고 이제 영어는 우리 사회의 필수 생활수단의 그 하나가 되었다.

남보다 좀더 앞서 나가기 위해, 그리고 무엇보다도 안정된 직장과 원만한 비즈니스를 위해 영어는 반드시 제대로 익혀야 한다는것, 바로 그것이 오늘을 살아가는 우리 현대인의 당면 과제가 된 것이다.

그래서 지금 우리 사회는 어린이에서부터 성인에 이르기까지 그 영어 열풍에 휩싸여 자나깨나 앉으나서나 그 욕망의 결실을 이루고자 온갖 노력을 다 쏟고 있는 것이다.

하지만 공부도 때가 있는 법, 지난 날 기초 없이 엄벙뗑수박 겉핥기 식으로 영어를 배웠거나, 또 영어의 그 중요성을 모르고 무작정 영어 배우기를 멀리 했던 사람 등, 아무튼 다시 영어를 배우고자 열망하는 사람들에게는 그래서 배움의 그 바로미터가 되는 '영어참고서선택'이 무엇보다도 가장 중요한 것이다.

「사사연 어학연구소」는 바로 그런 독자층의 간절한 여망을 바탕으로 마침내 본 (기초영어의 벽, 이렇게 뛰어넘어라)라는 독학 영어책을 출간하게 된 것이다.

◆「기초영어의 벽, 이렇게 뛰어넘어라」의 특징

1) 본 어학서는 기초영어, 즉 중학교 과정을 중심으로 Reading 과 Dialogue 문법을 중심으로 엮은 국내 최초의 새로운 개념의 영어 학습서입니다.

2) 본 어학서는 영어의 기본인 읽기와 듣기, 회화를 중심으로 보다 쉽고 빠르게 공부할 수 있도록 매 쪽마다 알기 쉽게 '발음기호'를 달았습니다.

3) 본 어학서는 쉽고 흥미있게 공부할 수 있도록 '단원해설'과 '요점정리', '문법코너'와 '참고사항'등을 상세히 실었습니다.

4) 본 어학서는 처음 영어를 배우는 초.중등 학생이나 다시 영어를 배우고자 하는 모든 분들에게 「사사연 어학연구소」가 드리는 최고의 학습서입니다.

아무쪼록 본 어학서가 여러분의 충실한 영어 반려자가 되기를 충심으로 바랍니다.

지은이

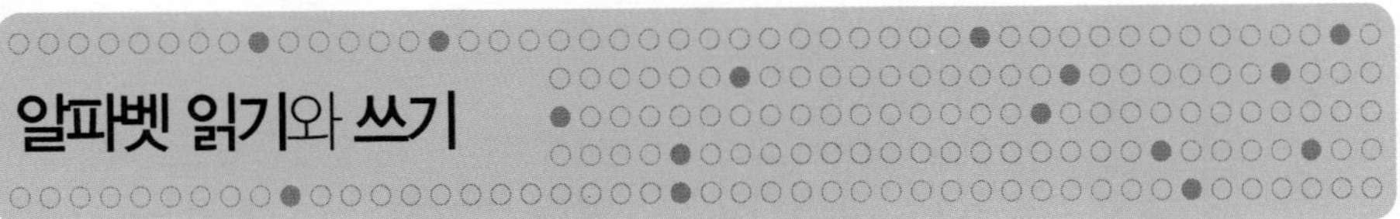

알파벳은 우리 글의 ㄱ, ㄴ, ㄷ, ㄹ,... ㅏ, ㅑ, ㅓ, ㅕ...등과 같이 영어에서도 A(a), B(b), C(c), D(d)...등 26자의 자모로 이루어져 있다.

그리고 알파벳은 우리의 글과는 달리 대문자, 소문자로 나뉘어 책, 신문, 편지등에 따라 인쇄체와 필기체로 나뉘어 쓰이기 때문에 각별히 그에 유의하여야 한다.

인쇄체	필기체	발음하는 방법
A a	A a	에이 [ei] 「에」를 짧고 강하게, 바로 이어서 「이」를 살짝붙여 「에이」하고 발음하면 된다
B b	B b	비- [bi:] 윗입술과 아랫입술을 가볍게 붙였다가 떼면서 동시에 세게 「비」하면 된다.
C c	C c	씨- [si:] 혀 끝을 윗잇몸에 가까이 붙이고서 처음 「씨」를 세게 발음하면서 「쓰이」에 가까운 「씨이」가된다.
D d	D d	디- [di:] 혀 끝을 윗니 뒤에 살짝 붙였다가 떼면서 강하게 「디이」하면 된다.
E e	E e	이- [i:] 우리말의 「이」보다 혀의 가운데를 높이올리고 입술을 좌우로 당기면서 길게 「이-」하면된다.
F f	F f	에프 [ef] 가볍고 짧게 「에」에 이어, 아랫입술을 윗니로 가볍게 누르고 그 사이로 밀어내듯이 「프(흐)」하면서 「흐」에 가까운 소리가 난다. *우리에게 없는 음이니 주의하기 바란다.

G g	*G* *g*	지- [dʒíː] 혀를 입천정에 넓게 붙이려고 애쓰면서 입술을 조금 앞으로 내밀고 길게 「쥐이」에 가깝게 「지-」하고 발음하면 된다.
H h	*H* *h*	에이취 [éitʃ] 「에」는 세게, 「이취」는 약하게, 「에」뒤에 가볍게 붙인다. 여기서 「취」는 「츠」에 가까운 음이니 주의하기 바란다.
I i	*I* *i*	아이 [ai] 「아」는 세게, 「이」는 약하게 「아」뒤에 가볍게 붙인다. 우리 말의 '아이'와 같은 발음이다.
J j	*J* *j*	제이 [dʒéi] 「제」를 세게, 「이」는 약하게 「제」뒤에 가볍게 붙여 발음한다.
K k	*K* *k*	케이 [kei] 「케」를 강하고 짧게,「이」는 약하게 「케」뒤에 가볍붙여 발음한다.
L l	*L* *l*	엘 [el] 대체적으로 우리말의 「엘」을 발음하듯이 혀끝을 굴리며 발음하면 된다.
M m	*M* *m*	엠 [em] 「에」를 세게, 「ㅁ」은 입을 다물고 코로 소리를 내듯 동시에 「엠」하면 된다.
N n	*N* *n*	엔 [en] 앞의 M과 같이, 우리말의 「엔」을 발음하듯이 「엔」을 발음하듯이 「엔」하고 발음하면 된다.
O o	*O* *o*	오우 [ou] 「오」를 세게 발음하고, 「우」를 「오」뒤에 가볍게 붙여 「오우」하고 발음한다.
P p	*P* *p*	피- [piː] 다물었던 양 잎을을 터트리며 동시에 좀 길게 「피-」하면된다.
Q q	*Q* *q*	큐 [kjúː] 대체적으로 우리말의 「큐우」를 발음하는 것처럼 발음하면 된다.

R r		아~(ㄹ)[ɑ́:r] 입을 크게 벌리고서 「아~」하고 길게 발음하면서 혀를 안으로 꼬부리며 살짝 「ㄹ」음을 낸다.
S s		에스[es] 「에」와 「스」를 한꺼번에 발음하되, 「에」를 조금 세게 발음하면 된다.
T t		티-[ti:] 앞의 'D'의 발음 요령과 비슷하다. 단 「티」를 강하게, 그리고 「이」를 약하게 발음하면 된다.
U u		유-[ju:] 입술을 동그랗게 해서 내밀고 「유」와 「우」를 도이에 「유우」하고 발음하면 된다.
V v		브이(뷔)[vi:] 윗니 끝을 아랫입술에 가볍게 대고 「브이」하면 「뷔」에 가까운 소리가 난다. B「비」와 혼동하지 말것.
W w		더블유[dʌ́bljù:] 「더」를 세게, 이어서 「블유」를 가볍게 붙여 발음하면 된다.
X x		엑스[eks] 「엑」을 세고 발음하고, 「스」를 「엑」뒤에 가볍게 붙여 발음하면 된다.
Y y		와이[wai] 우리말의 「와」보다 입술을 더 둥글게 오무려서 내밀고 「와」를 세게, 이어서 「이」를「와」뒤에 가볍게 붙인다.
Z z		지-[zi:] 영국에서는 「젠」으로 발음한다. 그러나 미국에서는 「즈이」또는「지이」로 발음한다.

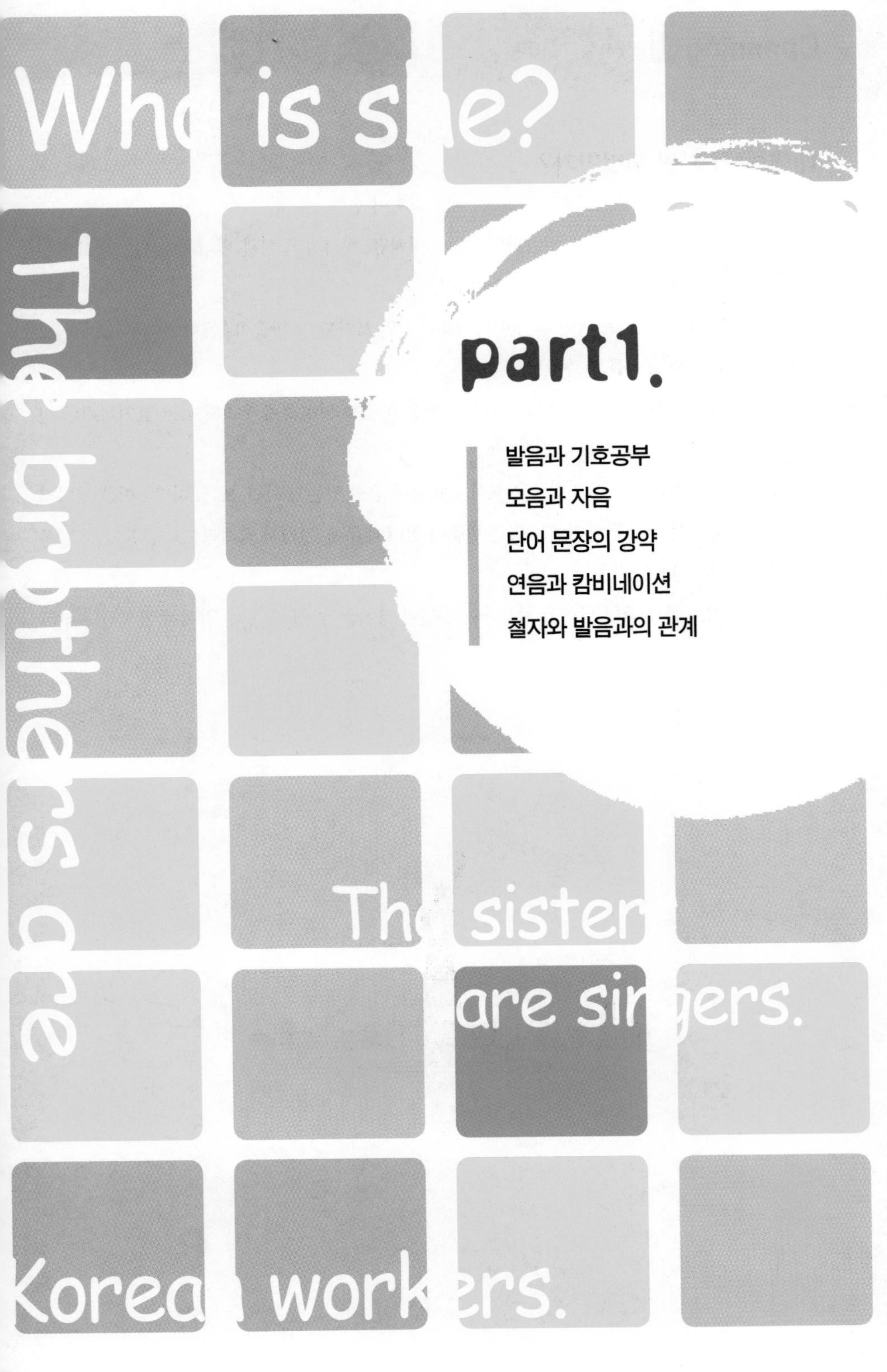

part1.

발음과 기호공부
모음과 자음
단어 문장의 강약
연음과 캄비네이션
철자와 발음과의 관계

1. '발음기호'란 무엇인가?

영어발음은 우리말 발음과는 많이 다르다는 점을 알아야 한다.

이를테면, 「a」를 알파벳 식으로 발음하면 「에이」이지만, 하나의 구성된 단어속에서는 그 발음이 「애」,「어」,「아」등 여러소리로 변한다는 사실이다.

그 예를 하나 든다면, father「파아더~」(아버지)의 「a」만 보아도 그 발음이 「에이」가 아니고 「아」로 발음된다는 점을 봐도 이를 알 수 있다.

이렇듯 영어의 발음은 우리말과는 많이 다르기 때문에 그걸 일정하게 우리의 글로 표기하기란 여간 어렵지 않다.

아무튼 영어란 우리글과는 달리 한글로 표시 못하는 발음이 있는가 하면, 또 영.미인들이 우리나라 말을 배울때에 역시 자기들 영어에는 없는 발음이 있기 때문에, 그래서 국제적으로 통용되는 '발음기호'란 것이 생겨 난 것이다.

어쨌든 '발음기호'를 정확히 익히고 활용하는 것만이 영어를 잘 할 수 있는 길이니 열심히 공부하길 바란다.

2. '모음'이란 무엇인가?

'모음'이란 한마디로 말해서, 발음할 때 '입술,코,목구멍'등의 장애를 받지 않고 자연스럽게 나오는 「유성음」을 말한다.

즉, 다시 말하면 [a]「아」, [e]「에」, [i]「이」, [o]「오」, [u]「우」등과 같이 자연스럽게 나오는 소리를 '모음'이라 한다.

모음은 발음기호의 음(音)을 기준으로 하여 다음과 같이, '단모음'과 '이중모음'으로 나뉘어진다.

▶ 단모음

[a]「아」

우리말의 「아」와 같은 소리로 , 입을 크게 벌리고 길게 「아」하면된다.

보기 · box [baks] 「박스」 : 상자
· not [nat] 「낫(낱)」 : 아니다, 않다

[a:]「아-」

입을 크게 벌리고 「아」를 「아-」하고 발음하면 된다.

보기 · farm [fa:m] 「파(ㄹ)~암」 : 농장
· father [fá:ðər] 「파-더(ㄹ)」 : 아버지

참고사항

- 액센트(accent) : 영어를 발음할 때 특히 그 철자 중에서 더 강하게 발음하라는 부분이 있다. 이것을 '액센트' 즉, 「강세」라고 말하며, 그걸 부호로는 〈'〉로 표시한다.
- [:] : 이 표는 길게 발음하라는 표시. 우리말 표기는 〈-〉.
  발음기호에서 비슷한 모양의[r] [r]음과는 발음이 다르니 유의하기 바란다. 즉 [r]음은 혀 끝을 구부리면서 약간 들릴락말락하게 내는 우리말의 「ㄹ」(~)음에 가까운 음이다.

[ɑər]「아:(ㄹ)」

입을 크게 벌리고 혀 끝을 약간 구브려 윗니 뿌리에 달락말락하게 하면서,「아:~」하고 발음하면 된다.

보기 · park [pɑərk]「파:~크」: 공원

· card [kɑərd]「카:~드」: 카드

참고사항

* [r]발음 즉, 우리말「ㄹ」음은「~」으로 표기하니 유의하기 바란다.
* 위의 '보기'에서와 같이 단어속에 [r]이 들어있으면, 미국에서는「아:~」, 영국에서는 그냥「아-」로 발음한다.

[e]「에」

우리말의「에」와 거의 같은 소리다. 우리말의「에」보다 좀더 입을 벌리고「에」하면된다.

보기 · ten [ten]「텐」: 십(10)

· egg [eg]「에그」: 달걀

[ɛ]「에(애)」

[e]와 [æ]의 중간소리. [e]보다 입을 좀더 크게 옆으로 벌리는 기분으로 [ɛ]하면 된다.

보기 · Mary [mɛ́-ər]「메리」: 메리(여자이름)

* 미국발음. 영국인은「메어리」라고 발음한다.

[æ]「애」

우리말의「애」에 가까운 소리. [ɛ]를 발음할 때보다 좌우로만 입을 힘차게 벌리고「애」하면 된다.

보기 · fan [fan]「팬」: 선풍기, 팬(운동에 있어 지지자나 애호가)

· narrow [nǽrou]「내로우」: (폭이)좁은

[i]「이」

우리말의「이」와 거의 같은 소리. 혀에 힘을 주지 않고 입을 자연스럽게 약간 벌리면서「이」하면 된다.

보기 · ink [iŋk]「잉크」: 잉크

· hit [hit]「힛(히트)」: 맞히다, 때리다.

[i:]「이-」

앞의 [i]보다 길게 발음한다. 다만 입을 약간 좌우로 벌리고 혀를 올리면서「이-」하면 된다.

보기 · bee [bi:]「비-」: 꿀벌

· eat [i:t]「이-트」: 먹다

[ɔ]「오」

우리말의「오」보다 입을 더 크고 둥글게 벌리고 입을 앞으로 내밀면서 목안으로부터 강하고 짧게「오」하면된다.

보기 · hot [hat]「핫」: 뜨거운(미국인) *영국인은 [홋]으로 발음한다.

· doll [dal]「달」: 인형(미국인)*영국인은 [돌]로 발음한다.

* 미국인은「ɔ」를「a」로 보통 발음한다.

[ɔː]「오-」

[ɔ]를 길게 [ɔ] 때보다 입술을 더 둥글게 앞으로 내밀고 혀 뒤를 더 올리면서 목안으로부터「아」소리에 가깝게「오-」하고 길게 발음하면 된다.

보기 · ball [bɔ́:l]「보올」: 공

· wall [wɔ́:l]「우올」: 벽

[o]「오우」

입술을 둥글게 하여「오」하다가 약간 입술을 앞으로 내밀면서 동시에「우」하면된다. 보통 '이중모음'에서 볼 수 있다.

보기 · no [nou]「노우」: 아니오(아니다)

· go [gou]「고우」: 가다(간다)

[oː]「오-」

우리말의「오」와 같다. 따라서 [ɔ]나 [ɔ:]보다 입을 작게 둥글게 벌리면서 자연스럽게「오-」하고 발음하면 된다.

한마디로 [o:]는 미국식 발음이고, 영국에서는 [o:]를「오우」로 발음한다는 것을 유의하기 바란다.

보기 · home[ho:m]「호옴」: 가정 〈미국〉 *영국에서는 [houm]「호움」

· coat [kout]「코트」: 웃옷〈미국〉 *영국에서느 [kout]「코우트」

[u]「우」

우리말의「우」와 거의 같은 소리다. 하지만 우리말의 「우」보다 입술을 더 둥글게 오므리고 내밀면서 휘파람을 불듯이 「우」하면 된다.

보기
· book[buk] 「북」 : 책
· foot[fut] 「풋(풑)」 : 발

[u:]「우-」

앞의「우」보다 입술을 더 둥글게 오므리고 혀의 뒤를 더 올리면서 「우-」하고 길게 발음하면 된다.

보기
· spoon[spu:n] 「스(쓰)푸운」 : 숟가락
· moon[mu:n] 「무운」 : 달

[ʌ]「어」

우리말의「아」할 때보다 입을 작게 벌리고, 「어」에 가까운 「아」소리를 내면 된다.

보기
· sun[sʌ́n] 「썬」 : 태양
· cut[kʌt] 「컷(캇)」 : 썰다, 베다

참고사항

[ʌ]는 영국식 발음기호이며, 미국에서는 [ʌ]대신 [ə]를 쓴다는걸 유의하기 바란다.

[ə]「어」

입술이나 혀에 힘을 주지 않고 자연스럽게 입을 조금 벌리고 약간「오」에 가깝게「어」하면 된다.

보기
· ago[əgóu]「어고우」: ~이전에
· America [əmérikə]「어메리커」: 미국

[ə*r*]「어~」

혀 끝을 안으로 구부리고 윗니 뿌리에 혀 끝이 달락말락하게 하면서 약하게「어~」하면된다. 이때 그 소리는「오~」에 가깝게 들린다.

보기
· doctor[dάktə*r*]「닥터~」: 의사
· actor [ǽktə*r*]「액터~」: 배우

참고사항

영국인은 미국인과는 달리 [ə*r*]를 [ə]로 발음한다. 위의 '보기'역시 영국인은 doctor는 [dɔ́ktə], actor는 [ǽktə]로 발음한다.

▶ 이중모음

두 개의 다른 모음이 한데 연결되어 약한 쪽이 강한 쪽에 붙어서 하나의 음절을 이루는 것을 '이중모음'이라 한다.

[ai]「아이」

[a]의 발음은 [a]와 같고, [i]역시 알파벳 [i]의 발음과 같다. [ai]의발음은 우리말의 「아이」와 같은 발음이다.

보기
· sky[skai]「스카이」: **하늘**
· night[nait]「나이트」: **밤**

참고사항

[a]는 단독으로 사용하지 않으며, 반드시 그 다음에 [i]또는 [u]를 두어서 [ai],[au]와 같이 '이중모음'으로 사용된다.

[au]「아우」

「아」를 강하게 「우」는 약하게 살짝 붙여 「아우」하고 발음한 다.

보기
· mouse[maus]「마우스」: **생쥐**
· out[aut]「아웃」: **밖으로**

[ei]「에이」

[e]음과 [i]발음을 합친 음이다. 한마디로 [ei]의 발음은 알파벳 'A(a)' 의 발음과 같다.

보기
· table[teibl]「테이블」: **탁자**
· name[neim]「네임」: **이름**

[εər]「에어~」

[ε]와 [ər]의 음을 합친음. [ε]를 강하게, [ə r]을 약하게 발음한다.

미국에서는 [εər]를 쓰고, 영국에서는 [εə]를 쓴다.

보기 · bear [bεər]「베어~」: 곰〈미국〉 *영국에서는 [bεə]「베어」

· air [εər]「에어~」: 공기〈미국〉 *영국에서는 [ε ə]「에어」

[iə]「이어」

[i]와 [ə]의 발음을 합친 음. [i]를 강하게, [ə]는 약하게 이어서 발음한다.

보기 · idea [aidíə]「아이디어」: 생각

[iər]「이어~」

[i]와 [ər]의 발음을 합친 음. [i]를 강하게, [ə]을 약하게 이어서 발음한다. 그리고 유의할 점은 단어속에 [r]이 있을때에 미국에서는 [iər]을 쓰고, 영국에서는 [iə]를 쓴다.

보기 · near [niər]「니어~」: 가까이〈미국〉*영국에서는 [niə]「니어」

· beer[biər]「비어~」: 맥주〈미국〉*영국에서는 [biə]「비어」

[oər]「오어~」

[o]와 [ər]음을 합친 음. [o]를 강하고 약간 길게, [ər]은 약하게 이어서 발음한다.

보기 · door [doər]「도어~」: 창문

· store[stoər]「스토어~」: 상점

* 영국인은 미국인과는 달리 door를 [dɔ:] 또는 [dɔə], store를 [stɔ:] 또는 [stɔə]로 발음한다.

[ɔi]「오이」

[ɔi]는 [ɔ]와 [i]를 합친 음이다. [ɔ]는 강하게, [i]는 약하게 연이어 발음한다.

보기 · toy[tɔi]「토이」: 장난감

· boy [bɔi]「보이」: 소년

[ou]「오우」

「오」를 세게,「우」를 가볍게 이어서 발음한다.

[ou]의 발음은 이를테면, 알파벳 'o'의 발음과 같다.

보기 · nose[no:z]「노오즈」: 코 〈미국〉 *영국에서는 [nouz]「노우즈」

· no[no]「노오」: 아니오 〈미국〉 *영국에서는 [nou]「노우」

[uə*r*]「우어~」

[uə*r*]은 [u]와 [ə*r*]의 발음을 합친 음이다.

[u]를 강하게, [ə*r*]은 약하게 이어서 발음한다.

여기서 유의할 점은 미국에서는 [uə*r*]를 쓰고, 영국에서는 [uə]를 쓴다는 걸 이해하기 바란다.

보기 · poor[puər]「푸어~」: 가난한 ... 〈미국〉 *영국에서는 [puə]「푸어」

· your [juər]「유어~」: 당신의 ... 〈미국〉 *영국에서는 [juə]「유어」

3. 자음이란 무엇인가?

자음이란 발음할 때 혀, 이, 구강, 입술 등이 발음기관에 의해 호흡이 제한되어 나오는 소리를 말한다. 자음은 성대의 진동을 수반하는 유성(有聲) 자음과 그렇지 않은 무성(無聲)자음 두 가지로 크게 나눌 수 있다.

[p]「ㅍ(프)」

우리말의 닿소리(자음)인「ㅍ」음과 같은 소리로, 양입술을 물었다가 급히 열면「ㅍ」음에 가까운 무성음「ㅍ」음이 나온다.

보기
· pig[pig]「픽」: **돼지**
· page[peidʒ]「페이지」: **페이지, 쪽**

[b]「ㅂ(브)」

발음방법은 [p]와 같고, 다만「브」음에 가까운「ㅂ」로 발음하면 된다. 유성음이다.

보기
· bed[bed]「베드」: **침대**
· book[buk]「북」: **책**

[t]「ㅌ(트)」

우리말「트」에서「ㅡ」을 뺀 음이라고 생각하면 된다. 윗몸에 혀 끝을 붙였다가 갑자기 떼면 된다. 무성음이다.

보기
· tent[tent]「텐트」: **천막**
· top[tap]「탑」: **꼭대기**

[d]「ㄷ(드)」

[t]음을 발음할 때와 같은 방식으로 발음하되, 이것도 우리말「드」에서「ㅡ」음을 뺀 음으로 발음하면 된다.

보기 · desk[desk]「데스크」: 책상

· day[dey]「데이」: 일, 하루

[k]「ㅋ(크)」

이것도 역시 우리말「크」에서「ㅡ」를 뺀 발음이라고 보면 된다. 무성음이다.

보기 · king [kiŋ]「킹」: 왕

· cup[kəp]「컵」: 잔

[g]「ㄱ(그)」

이것 또한 우리말「그」에서「ㅡ」를 뺀 발음이라고 보면 된다.

보기 · girl[gə:rl]「거~얼」: 소녀

· pig[pig]「픽」: 돼지

[f]「ㅍ(프), ㅎ(흐)」

[f]음은 우리말에는 없는 음이니 특히 주의하기 바란다. 윗니를 아랫입술에 가볍게 대고「프」하면「흐」에 비슷한 입김 소리가 나온다. 무성음이다.

보기 · foot[fut]「풋」: 발

· finger[fíŋgər]「핑거~」: 손가락

[v]「ㅂ(브)」

[v]음도 우리말에는 없는 음이다. 물론「v」음을 우리글로 표기할 때에는 [b]음과 같으나 실제 발음은 다르다.

보기 · voice[vois]「보이스」: **소리**

· five[faiv]「파이브」: **다섯, 5**

[s]「ㅅ(스), ㅆ(쓰)」

우리말의「스(쓰)」에서「ㅡ」를 뺀「스(쓰)」음이라고 보면 된다. 혀 끝을 윗 잇몸에 가까이 하여 내는 무성음이다.

보기 · sound [sáund]「싸운드」: **음향**

· desk[desk]「데스크」: **책상**

[z]「ㅈ(즈)」

[s]와 같은 방식으로 발음하는 유성음이다. 다만 [z]음은 [s]음의 흐린 소리이며 우리말의「ㅈ」음의 긁히는 소리 쯤으로 보면 된다. 아무튼 [z]음 또한 우리말에는 없는 음이니 유의하기 바란다.

보기 · zoo[zu:]「주우」: **동물원**

· rose[rouz]「로우즈」: **장미**

[θ]「ㅆ(쓰), ㄷ(드)」

[θ]음도 우리말에는 없는 음이니 유의하기 바란다. 혀 끝을 살짝 물면서「ㅆ(쓰), ㄸ(뜨)」로 발음하면 [θ]음이 나온다. 무성음이다.

[s]음 [z]음과 혼동하지 말 것.

보기 · thank[θæŋk] 「땡크」 : 감사하다

· mouth[mauθ] 「마우쓰」 : 입

[ð] 「ㄷ(드)」

[ð]음은 [θ]음의 흐린음이다. 물론 [θ]음과 같은 방식으로 혀 끝을 살짝 물면서 「쓰」하면「드」에 가까운 소리가 난다.

보기 · this [ðis] 「디스」 : 이것

· mother [məðər] 「머더~」 : 어머니

[ʃ] 「쉬.시」

[s]음이나 [z]음을 말할 때보다 혀 끝을 더 높이고 약간 내밀면서 「쉬」하면 「시」에 가까운 소리가 난다. 무성음이다.

[f]를 발음하는 식으로 하면 된다. 유성음이다.

보기 · she [ʃi:] 「쉬-(시-)」 : 그여자

· sheet[ʃi:t] 「쉬-(시)트」 : (종이) 한 장

[ʒ] 「쥐(지)」

[ʃ]의 흐린 음으로, 발음 요령 역시 [ʃ]와 같다. 다만 소리를 내면서 「쥐(지)」에 가까운 음을 낸다. 무성음이다.

보기 · rouge[ru:ʒ] 「루쥐」 : 연지

· pleasure[pléʒər] 「플레저~」 : 즐거움

[tʃ]「ㅊ(츠)」

[t]와 [ʃ]가 합친 음으로「취」「치」에 가까운「ㅊ」음으로 보면된다. 무성음이다.

보기 · chair [tʃεər]「체어~」: 의자

· church [tʃə:rtʃ]「처~치」: 교회

[dʒ]「ㅈ(즈.지)」

[d]와 [ʒ]가 합친 음으로 [tʃ]의 흐린 소리로 보면 된다. 앞의 [tʃ]음은 목에서 안 나는 입김인데 반해, [dʒ]음은 목에서 소리가 난다.

보기 · just[dʒəst]「저스트」: 꼭, 반드시

· bridge[bridʒ]「브릿지」: 다리

[h]「ㅎ(흐)」

성대를 열고 자유롭게 입속을 지나가도록 발음하는 무성음이다. 다시 말하면 우리말「하」에서「ㅏ」,「흐」에서「ㅡ」를 뺀「ㅎ」음이라고 보면 된다.

보기 · hand[hænd]「핸드」: 손

· house [haus]「하우스」: 집

[l]「ㄹ(을)」

혀 끝을 윗 잇몸에 댄 채로 혀에는 힘을 넣지 않고 내는 유성음.

즉,우리말「을」에 가까운 소리로,「으」를 뺀「ㄹ」음쯤으로 보면된다.

보기 · ball [bɔ:l]「보올」: 공

· love [ləv]「러브」: 사랑

[r]「ㄹ(르)」

혀 끝을 윗 잇몸에 달락말락하게 하고, 혀 끝과 윗니 뿌리 사이로부터 내보내는 유성음이다. 즉, 우리말「라, 르」에서「ㅏ」「ㅡ」를 뺀「ㄹ」음에 가까운 음이라고 생각하면 된다.

특히 [l]음과 혼동하지 않도록 부탁한다.

보기
- red[red]「레드」: **빨간**
- bread[bred]「브레드」: **빵**

[j]「의(이.으)」

혓바닥을 입천정 가까이 까지 높이 올리고, 짧게「이」하면「이.으」가 합친 음같은 소리가 나는데, 이것이 바로「j」음이다. 다시말하면「유」라고 발음하고 그 입 모양을 그대로 두고「이」하면 된다.

보기
- yes[jes]「예스」: **예(네)**
- you[ju:]「유–」: **당신**

[w]「우」

두 입술에 힘을 넣어 둥글게 하여 내밀고 혀 뒤를 입천정으로 올리면서 그 사이로부터 세게「우」하면 된다.

보기
- wood[wud]「우드」: **나무, 숲**
- watch[watch]「왓치」: **시계**

[m]「ㅁ(음.므)」

우리글의「ㅁ」과 같은 음으로, 두 입술을 다물면서 내는 유성음.

보기
- milk[milk]「밀크」: **우유**
- my[mai]「마이」: **나의**

[n]「ㄴ(느.은)」

우리글의「ㄴ」과 같은 음으로, 혀 끝을 위 잇몸에 단단히 붙였다가 떼며 내는 소리. 유성음.

보기 · now[nau]「나우」: **지금**

· sun[sən]「썬」: **태양**

[ŋ]「ㅇ(응)」

우리글의「ㅇ」과 같은 음이다. 혀의 뒷부분을 입천정 뒤에 붙여서 내는 유성음.

보기 · sing [siŋ]「씽」: **노래를 부르다**

· king [kiŋ]「킹」: **왕**

[ts]「ㅆ(쓰)」

[t]와 [s]가 합친 음으로,「ㅊ(츠)」에 가까운「ㅆ(쓰)」소리다.[ts]와 혼동되지 않도록. 유성음이다.

보기 · hats [hæts]「햇츠」: **모자들**

· cats [kæts]「캣츠」: **고양이들**

[dz]「ㅈ(즈)」

[ts] 의 흐린음으로 [d]와 [z]가 합친음이다. 혀끝을 윗니 뿌리에 대고 [d]음이 섞이도록 하면서「ㅈ(즈)」하면 된다. 유성음이다.

보기 · beds[bedz]「베즈」: **침대들**

· hands[hændz]「핸즈」: **손들**

[hw]「후」

[hw]음은 미국식 발음으로 [h]와 [w]음이 합친음이다. 영국에서는 그냥 [w]「우」라고 발음한다.

보기 · what[hwat]「홧」: 무엇...(미국식) *영국에서는「왓」

· where [hwɛər]「훼어~」: 어디로 ...(미국식) *영국에서는「웨어」

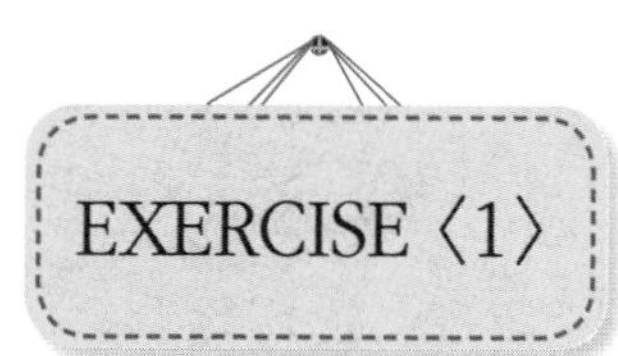

1) 다음의 발음기호를 보고 우리말 발음으로 표시하시오.

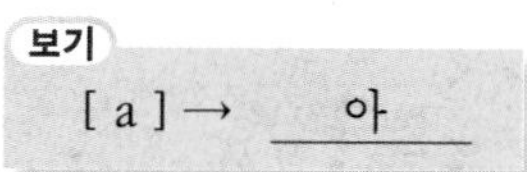

① [ə*r*] → ________ ② [ɑ:r] → ________

③ [æ] → ________ ④ [u:] → ________

⑤ [ʌ] → ________ ⑥ [ɔ] → ________

⑦ [ə] → ________ ⑧ [εə*r*] → ________

⑨ [au] → ________ ⑩ [ɔi] → ________

⑪ [iə] → ________ ⑫ [oə*r*] → ________

⑬ [uə*r*] → ________ ⑭ [iə*r*] → ________

⑮ [f] → ________ ⑯ [k] → ________

⑰ [tʃ] → ________ ⑱ [θ] → ________

⑲ [ʃ] → ________ ⑳ [ð] → ________

2) 다음은 단어의 발음기호를 표기해 놓았다. 각 단어의 철자와 뜻을 ________안에 써넣으세요.

보기
[bɔ:l] → ball(볼)

① [buk] → ________ ② [sʌn] → ________

③ [fá:ðər] → ________　　④ [dáktər] → ________

⑤ [pa:rk] → ________　　⑥ [eg] → ________

⑦ [téibl] → ________　　⑧ [bɔi] → ________

⑨ [doər] → ________　　⑩ [pig] → ________

⑪ [faiv] → ________　　⑫ [skai] → ________

⑬ [rouz] → ________　　⑭ [tap] → ________

⑮ [kiŋ] → ________　　⑯ [bed] → ________

⑰ [milk] → ________　　⑱ [tʃɛər] → ________

⑲ [ʃi:] → ________　　⑳ [ðis] → ________

㉑ [θæŋk] → ________　　㉒ [hwat] → ________

3) 다음은 서로 혼동하기 쉬운 발음기호들이다. 서로 관계되는 것끼리 선으로 이으시오.

(1) [a]　　① 우리말의 「어」「오」의 중간 음으로 발음한다.

[ʌ]　　② 우리말의 「아」와 같은 음이다.

[ə]　　③ 우리말의 「아」와 「어」의 중간음이다.

(2) [e]　　① 입을 좀더 옆으로 벌리고 힘을 주어서 「에」에 가까운 소리를 내면 된다.

[ɛ]　　② 우리말의 「에」와 거의 같은 소리. 단, 우리말의 「에」보다 좀더 위 아래로 자연스럽게 입을 벌리고 「에」하면 된다.

[æ]　　③ 우리말의 「에」와 같은 소리로, 좌우로 입을 더 벌리고 더 힘차게 「애」하면 된다.

발음의 포인트 (Point)

영어는 단어나 문장을 발음할 때, 소리의 강약(强弱), 음(音)의 고저(高低), 연음(連音)등 캄비네이션(combination)을 잘 이루어야만 산 영어, 즉 훌륭한 영어를 구사할 수 있다.

1. 액센트(accent)

영어에서는 하나의 단어를 발음할 때, 특히 힘을 주어서 강하게 발음해야 할 부분이 있다.

이것을 액센트(accent)라 하며, 그에 대한 표시는 해당 발음 위에 [']부호로 나타낸다.

영어단어에서는 액센트가 둘 이상 있으면 반드시 어느 한 쪽이 다른 한쪽보다 더 강하게 발음해야 한다는 것을 유의하기 바란다.

다음의 보기를 살펴보도록 한다.

· America [əmérikə]「어메리커」: 미국
· banana [bənǽnə]「버내너」: 바나나
· hotel [houtél]「호텔」: 호텔, 여관
· administration [ədmìnistréiʃən]「어드미니스트레이션」: 관리, 행정
· photograph [fóutəgræ̀f]「포우터그래프」: 사진
· short-hand [ʃɔ́:rthǽnd]「쇼~트 핸드」: 속기

2. 문장의 발음, 강약리듬

외국인들이 자연스럽게 영어로 말하는 것을 듣다 보면 단어 하나하나의 「액센트」는 물론 문장 역시 「강약리듬」과 「인터네이션」등이 자연스럽게 잘 어울려 발음된다는 사실을 알 수 있다.

사실 영어는 기본적으로 '전치사'나 '접속사', '관사'등을 약하게 지나치듯 빨리 발음하나, 문장(말)의 핵심이 되는 '명사'나 '대명사'등 주요 어구는 강조하듯 천천히 강하게 발음한다는 것을 알아야 한다.

발음의 강약 리듬을 다음의 보기에서 살펴보도록 하자.

▶ 강약 리듬 표기 : [● ● •]

·I am a boy. (I'm a boy.)
● • • ●
아이 앰 어 보이 「나는 소년이다.」
(애머)

·You are a girl. (You're a girl.)
● • • ●
유아~ 어 거~얼 「너는 소녀이다.」
(아러)

·This is a book.
● • • ●
디스 이즈 어 북 「이것은 책이다.」
(이저)

·Good morning, Ann ?
● • ●
굿모~닝 앤 「안녕, 앤?」

·Nice to meet you.
● • ● •
나이스 투 밋트 유 「만나서 반가워.」
(미츄)

·What is your name?
● • • ●
홧(왓) 이즈 유어~ 네임 「당신 이름은?」

3. 인터네이션 (Intonation)

인터네이션이란 문장을 읽거나 말할 때 음(音)을 높이거나 내리는 것을 말한다.

이를테면, 우리가 노래를 부를 때 어느 부분을 낮게, 또 어느 부분을 보통의 높이로, 그리고 또 어느 부분은 더 높게 하는 것과 같은 그런 이치이다.

그리고 'do'로 시작하는 의문문은 올려서 발음하지만, 허나 같은 의문문이라도 의문사(what, where, how, why...)로 시작하는 의문문은 끝을 내려 발음하는 점을 유의하기 바란다. 물론 '평서문'일때도 끝을 내려 발음한다.

▶ 인터네이션 기호 표기 : 「올림 ⤴」「내림 ⤵」

· **Do you have a knife ?**
두 유 해버 나이프 ⤴
당신은 칼을 가지고 있습니까?

· **What is your name ?**
홧(왓)이즈 유어~ 네임 ⤵
당신의 이름은 무엇입니까?

· **She is a teacher.**
쉬 이저 티-처 ⤵
그녀는 교사입니다.

· **Excuse me.**
엑스큐-즈 미 ⤵
미안합니다.

※ '부가의문문'의 경우는 같은 내용의 문장이라도 동의를 구할 경우에는 끝을 내리고, 의향을 묻는 경우에는 끝을 올려 발음한다.

· **Ann likes apples, doesn't she?**
앤 라익스 애플스 더즌트 쉬 -⤵
앤은 사과를 좋아하는군요.

· You don't like, apples, do you ?
유 도운트 라익 애플스 두유⤴
당신은 사과를 좋아하지 않습니까? –당신은 사과를 좋아하지 않는군요.

4. 연음(連音)과 캄비네이션(Combination)

영어회화를 잘하려면 앞서 언급했던 '액센트'와 문장의 '강약' 그리고 '리듬', '인터네이션' 등도 중요하지만, 그에 덧붙여 '연음'의 캄비네이션 또한 매우 중요하다.

외국인과의 대화에서 우선 그들의 말을 잘 알아듣지 못하는 것은 바로 그 연음과 캄비네이션의 변화를 잘 이해하지 못하기 때문이다.

연음이란 한 단어의 끝 부분 음이 다른 단어의 첫부분 음과 결합하는 것을 말하며 그 결합 과정에서 다른 음으로 변하는 것을 캄비네이션(Combination)이라 보면 된다.

▶ 연음기호표 : 「⌒」

· This⌒is⌒a book.
디스 이즈 어 북
이것은 책입니다.

· Would⌒you like to go, uncle ?
우쥬- 라이크 투 고우, 엉클
가시겠어요, 아저씨?

· How about⌒you ?
하우 어바우츄-
당신은 어떻습니까?

5. 끊어 읽기

1) 부호(, . ; : ? !)가 있는 곳에서는 끊어 읽어야 한다.

2) 주요부분(대목)이 있는 곳에서는 끊어 읽어야 한다.

3) 의문사, 접속사, 관계대명사 앞에서는 끊어 읽어야 한다.

4) 주어 부분이 길 때는 끊어 읽어야 한다.

철자(Spelling)와 발음과의 관계

우리는 앞서 openning 1에서 모음, 자음 등 발음기호에 대해서 공부했다. 따라서 본 openning 3에서는 철자와 발음, 즉 그 철자에 따라 발음이 어떻게 변하는지 대해서 공부해 보기로 하겠다.

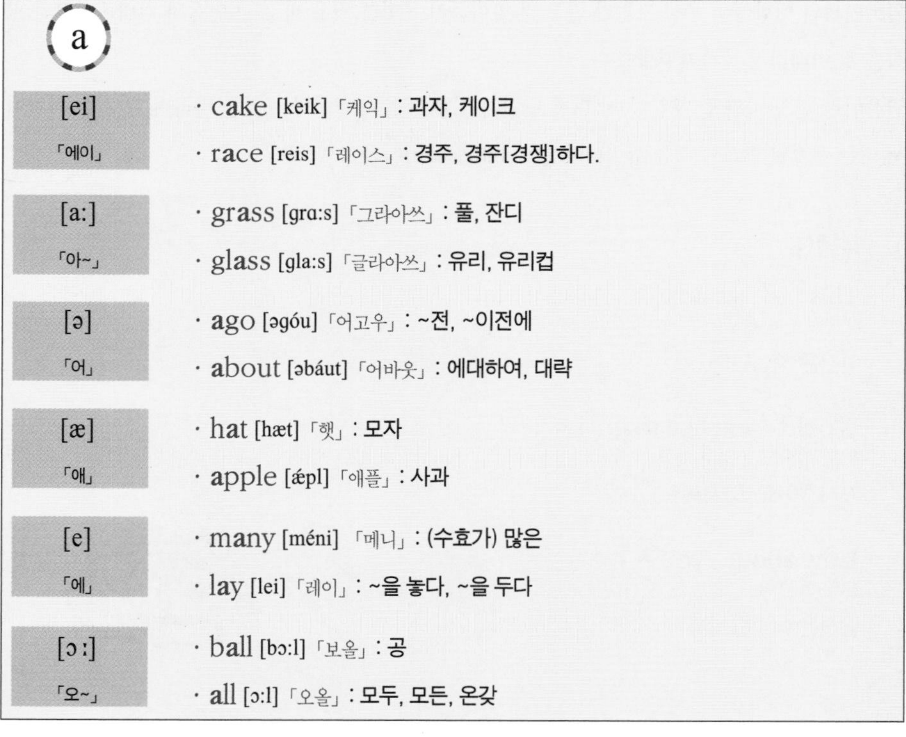

a

[ei] 「에이」	· cake [keik] 「케익」 : 과자, 케이크 · race [reis] 「레이스」 : 경주, 경주[경쟁]하다.
[a:] 「아~」	· grass [grɑ:s] 「그라아쓰」 : 풀, 잔디 · glass [gla:s] 「글라아쓰」 : 유리, 유리컵
[ə] 「어」	· ago [əgóu] 「어고우」 : ~전, ~이전에 · about [əbáut] 「어바웃」 : 에대하여, 대략
[æ] 「애」	· hat [hæt] 「햇」 : 모자 · apple [ǽpl] 「애플」 : 사과
[e] 「에」	· many [méni] 「메니」 : (수효가) 많은 · lay [lei] 「레이」 : ~을 놓다, ~을 두다
[ɔ:] 「오~」	· ball [bɔ:l] 「보올」 : 공 · all [ɔ:l] 「오올」 : 모두, 모든, 온갖

ai

[ei] 「에이」	· train [trein] 「트레인」 : 기차 · mail [meil] 「메일」 : 우편

air

[ɛər]
「에어~」

· hair [hɛər]「헤어~」: 머리털
· chair [tʃɛər]「체어~」: 의자

ar

[ər]
「어~」

· bear [bɛər]「베어~」: 곰
· ware [wɛər]「웨어~」: 상품(goods)

[a:r]
「아~」

· car [ka:r]「카」: 자동차
· darling [dá:rliŋ]「다알링」: 가장 사랑하는 사람

[주의]

위의 'car'와 'darling'과 같이 단어 속에「r」이 들어있으면, 미국에서는 [a:r = aər]「=아~」로 발음하지만, 영국에서는 [a:]「아-」로 발음한다.

[ɔ:r]
「오~」

· war [wɔ:r]「워~」: 전쟁
· warm [wɔ:rm]「워~음」: 따뜻한

[주의]

영국에서는 [ɔ:r]를 [ɔ:]로 발음한다.

are

[ɛər]
「에어~」

· share [ʃɛər]「쉐어~」: 몫, 할당량
· fare [fɛər]「페어~」: 요금

[주의]

영국에서는 [ɛər]를 [ɛə]로 발음한다.

[ɔː] 「오~」	· cause [kɔ:z]「코-즈」: 원인 · Australia [ɔ:stréiljə]「오-스트레일리어」: 호주, 오스트렐리아

[ɔː] 「오~」	· law [lɔ:]「로-」: 법, 법률 · awful [ɔ́:ful]「오-풀」: 두려운

[ei] 「에이」	· play [plei]「플레이」: 놀이, 놀다 · day [dei]「데이」: 날, 하루

[b] 「브(ㅂ)」	· bell[bel]「벨」: 종, 방울 · double [dʌ́bl]「더블」: 이중의, 두 곱의

[s] 「ㅅ(스)」	· circle [sə́:rkl]「써어~클」: 원, 원둘레, 집단 · peace [pi:s]「피-스」: 평화
[k] 「ㅋ(크)」	· class [klæs]「클래스」: 조, 반 · catch [kæts]「캣치」: 붙잡다, 발견하다

ch

[tʃ] 「ㅊ(츠)」

· **child** [tʃaild] 「차일드」 : 아이

· **chair** [tʃɛər] 「체어~」 : 의자

[k] 「ㅋ(크)」

· **school** [sku:l] 「스쿠울」 : 학교

· **chorus** [kó:rəs] 「코-러스」 : 합창단

ck

[k] 「ㅋ(크)」

· **kick** [kik] 「킥」 : (공)을 차다

· **sick** [sik] 「씩」 : 병든, 편찮은

d

[d] 「ㄷ(드)」

· **dog** [dɔg] 「독」 : 개

· **road** [roud] 「로우드」 : 길

dg

[dʒ] 「ㅈ(즈,지)」

· **bridge** [bridʒ] 「브리지」 : 다리

· **judge** [dʒʌdʒ] 「저지」 : 재판관

ds

[dz] 「ㅈ(즈)」

· **foods** [fu:dz] 「푸-즈」 : 식료품, 식품

· **hands** [hændz] 「핸즈」 : 손들

[e] 「에」	· best [best] 「베스트」 : 최고의, 가장 좋은 · every [évri] 「에브리」 : 모든, 어느~이나 다
[i] 「이」	· begin [bigín] 「비긴」 : 시작되다(하다) · delay [diléi] 「딜레이」 : 늦추다, 미루다

ea

[i:e] 「이-」	· beach [bi:tʃ] 「비-치」 : 해변 · meat [mi:t] 「미-트」 : 고기
[e] 「에」	· head [hed] 「헤드」 : 머리 · ready [rédi] 「레디」 : 준비된

ear

[ɛə*r*] 「에어~」	· bear [bɛər] 「베어~」 : 곰 · tear [tɛər] 「테어~」 : ~을 찢다
[iə*r*] 「이어~」	· hear [hiər] 「히어~」 : 듣다 · near [hiər] 「니어~」 : 가까운, 가까이
[ə:*r*] 「어~」	· early [ə́:rli] 「어얼리」 : 이른, 빠른 · earth [ə:rθ] 「어~스」 : 지구

[i:] 「이-」	· see [si:] 「씨-」 : ~을 보다, ~이 보이다 · meet [mi:t] 「미-트」 : 만나다

[ər] 「어~」	· **father** [fá:ðər] 「파–더~」 : 아버지 · **river** [rivər] 「리버~」 : 강

[iər] 「이어~」	· **beer** [biər] 「비어~」 : 맥주 · **deer** [diər] 「디어~」 : 사슴

[i] 「이」	· **money** [mʌ́ni] 「머니」 : 돈 · **monkey** [mʌ́ŋki] 「멍키」 : 원숭이

[f] 「ㅍ(프) ㅎ(흐)」	· **free** [fri] 「프리」 : 자유 · **life** [laif] 「라이프」 : 생명, 생활

[g] 「ㄱ(ㅈ)」	· **give** [giv] 「기브」 : 주다 · **gold** [gould] 「고울드」 : 금
[dʒ] 「ㅈ(즈)」	· **bridge** [bridʒ] 「브리지」 : 다리 · **cage** [keidʒ] 「케이지」 : 새장

[g] 「ㄱ(그)」	· Ghana [gά:nə] 「가아너」 : 가나(아프리카에 있는 나라) · ghost [goust] 「고우스트」 :유령
[f] 「ㅍ(프) ㅎ(흐)」	· cough [kɔ:f] 「코-프」 : 기침, 기침하다 · laugh [læf] 「래프」 : 웃다
[묵자] 「默字」	· high [hai] 「하이」 : 높은, 고도의 · night[nait] 「나이트」 : 밤, 야음

*묵자란, 철자는 있지만 실제로는 발음되지 않은 단어를 말한다.

h

[h] 「ㅎ(흐)」	· health [helθ] 「헬스」 : 건강 · hill [hil] 「힐」 : 언덕
[묵자] 「默字」	· honest [άnist] 「아니스트」 : 정직한 · hour [auər] 「아우어~」 : 시간, 시각

[i] 「이」	· invite [invάit] 「인바이트」 : 초대하다 · ill [il] 「일」 : 병든
[ai] 「아이」	· like [laik] 「라이크」 : 좋아하다 · island [άilənd] 「아일런드」 : 섬

ie

[ai] 「아이」

· die [dai] 「다이」 : 죽다, 죽을것 같다

· lie [lai] 「라이」 : 드러눕다

[i:] 「이-」

· piece [pi:s] 「피-스」 : 한 조각

· talkie [tɔ́:ki] 「토-키-」 : 발성영화

ir

[ə:*r*] 「어~」

· birth [bə:rθ] 「버~스」 : 출생

· girl [gə:rl] 「거~얼」 : 소녀

j

[dʒ] 「ㅈ(즈.지)」

· job [dʒɑb] 「잡」 : 일, 직업

· June [dʒu:n] 「주운」 : 6월

[k] 「ㅋ(크)」

· kind [kaind] 「카인드」 : 친절한

· mask [mɑ:sk] 「마스크」 : 가면

[n] 「ㄴ(느.은)」

· knife [naif] 「나이프」 : 칼

· knowledge [nálidʒ] 「날리지」 : 인식, 지식

[l] 「ㄹ(을)」	· leg [leg] 「레그」 : (사람의)다리 · rule [ru:l] 「루울」 : 규칙

m

[m] 「ㅁ(음.므)」	· mail [meil] 「메일」 : 우편 · come [kʌm] 「컴」 : 오다

n

[n] 「ㄴ(느.은)」	· new [nju:] 「뉴-」 : 새로운, 최근에 생긴 · moon [mu:n] 「무운」 : 달

ng

[ŋ] 「ㅇ(응)」	· sing [siŋ] 「씽」 : 노래하다 · reading [rí:diŋ] 「리-딩」 : 읽기, 독서

o

[ou] 「오우」	· go [gou] 「고우」 : 가다 · home [houm] 「호움」 : 가정
[ɔ] 「오」	· oil [ɔil] 「오일」 : 기름 · cock [kɔk] 「코크」 : 수탉
[ʌ] 「어」	· cover [kʌ́vər] 「커버~」 : 표지 · Monday [mʌ́ndi] 「먼디」 : 월요일

[ou] 「오우」	· coat [kout] 「코우트」 : 외투 · road [roud] 「로우드」 :길

[ɔːr] 「오:~」	· board [bɔːrd] 「보오~드」 : 판자 · coarse [kɔːrs] 「코오~스」 : 거칠은, 조잡한

[ɔi] 「오이」	· boil [bɔil] 「보일」 : 끓이다 · oil [ɔil] 「오일」 : 기름

[u] 「우」	· book [buk] 「북」 : 책 · cook [kuk] 「쿡」 : 요리하다
[uː] 「우~」	· cool [kuːl] 「쿠울」 : 시원한 · school [skuːl] 「스쿠울」 : 학교
[ʌ] 「어」	· blood [blʌd] 「블러드」 : 피 · flood [flʌd] 「플러드」 : 홍수

[ɔər] 「오어~」	· door [dɔər] 「도어~」 : 출입구, 문 · floor [flɔər] 「플로어~」 : 마루

[uə*r*] 「우어~」	· poor [puər] 「푸어~」 : 가난한 · moor [muər] 「무어~」 : 황야, 습지

[ə*r*] 「어~ 」	· elevator [éliveitər] 「엘리베이터~」 : 승강기 · motor [móutər] 「모우터」 : 원동기
[əː*r*] 「어:~」	· world [wə́:rld] 「워얼드」 : 세계 · work [wə́:rk] 「워어~크」 : 노동, 일하다
[ɔː*r*] 「오:~」	· fork [fɔ:rk] 「포오~크」 : 포오크 · sort [sɔ:rt] 「쏘오~트」 : 종류

[au] 「아우」	· mountain [máuntin] 「마운틴」 : 산 · round [raund] 「라운드」 : 둥근, 공모양의

our

[auə*r*] 「아우어~」	· hour [auər] 「아우어~」 : 시각, 한 시간 · sour [sauər] 「싸우어~」 : 신, 시큼한
[ɔː*r*] 「오:~」	· four [fɔ:r] 「포:~」 : 4, 넷 · pour [pɔ:r] 「포:~」 : 쏟다, 따르다

[au] 「아우」	· flower [fláuər] 「플라워~」 : 꽃 · tower [táuər] 「타워~ 」 : 탑, 고층빌딩

[ɔi]
「오이」

· boy [bɔi] 「보이」 : 소년
· joy [dʒɔi] 「조이」 : 기쁨, 기뻐하다

[p]
「ㅍ(프)」

· play [plei] 「플레이」 : 놀다, 놀이, 유희
· apple [ǽpl] 「애플」 : 사과

[f]
「ㅍ(프).ㅎ(흐)」

· phone [foun] 「포운」 : 전화
· photograph [fóutəgra:f] 「포우토그라—프」 : 사진

[kw]
「쿠」

· queen [kwi:n] 「퀴인」 : 여왕
· question [kwéstʃən] 「퀘스쳔」 : 질문

[r]
「ㄹ(르)」

· rain [rein] 「레인」 : 비, 비가오다
· room [ru:m] 「루움」 : 방, 장소

[s]
「ㅅ(스).ㅆ(쓰)」

· say [sei] 「쎄이」 : 말하다.(세상사람들이)~이라고 말하다
· this [ðis] 「디스」 : 이것

[z] 「ㅈ(즈)」

· easy [íːzi] 「이－지」 : 쉬운, 안락한

· rose [rouz] 「로우즈」 : 장미꽃

[ʒ] 「쥐.지」

· pleasure [pléʒər] 「플레저~」 : 즐거움

· treasure [tréʒər] 「트레저~」 : 보물

sh

[ʃ] 「쉬.시」

· English [íŋgliʃ] 「잉글리쉬」 : 영국의, 영어

· shine [ʃain] 「싸인」 : 빛나다

t

[t] 「ㅌ(트)」

· talk [tɔːk] 「토－크」 : 말하다

· hat [hæt] 「햇」 : 모자(태가 있는것)

[θ] 「ㅆ(쓰). ㄷ(드)」

· think [θiŋk] 「씽크」 : 생각하다

· thin [θin] 「씬」 : 여윈, 엷은, 묽은

[ð] 「ㄷ(드)」

· that [ðæt] 「댓」 : 저것, 저사람

· worth [wɔ́ːrθ] 「워어~쓰」 : 가치있는

[ts] 「ㅊ(츠) ㅆ(쓰)」

· cats [kæts] 「캐츠」 : 고양이들(복수형)

· that's [ðæts] 「댓츠」 : that is의 줄임말

[ʌ] 「어(아)」	· sun [sʌn] 「썬」 : 태양 · cut [kʌt] 「컷」 : 자르다, 베어버리다
[u] 「우」	· bull [bul] 「불」 : 소(황소 수컷) · pull [pul] 「풀」 : 끌다, 끌어당기다
[u:] 「우-」	· flute [flu:t] 「플루-트」 : 피리, 플룻 · rule [ru:l] 「루울」 : 규칙
[ju] 「유-」	· human [hjú:mən] 「휴-먼」 : 인간다운, 사람의 · music [mjú:zik] 「뮤-직」 : 음악

[u:] 「우-」	· bruise [bru:z] 「브루-즈」 : (타박상을)입히다 · fruit [fru:t] 「프루-트」 : 과일

ur

[ə:*r*] 「어:~」	· fur [fə:r] 「퍼어~」 : 모피, 부드러운 털 · urgent [ə́:rdʒnt] 「어-즌트」 : 긴박한

[v] 「ㅂ(브)」	· vase [veis] 「베이스」 : 꽃병 · seven [sévn] 「쎄븐」 : 7, 일곱의

[w] 「우」	· wall [wɔːl] 「워오올」 : 벽 · swim [swim] 「스윔」 : 헤엄치다

[hw] 「후」	· what [hwat] 「홧」 : 무엇 · white [hwait] 「화이트」 : 흰, 백색의

[r] 「ㄹ(르)」	· write [rait] 「라이트」 : (글을) 쓰다 · wrong [rɔːŋ] 「로옹」 : 나쁜, 그릇된, 거꾸로의

[ks] 「엑스」	· fox [fɔks] 「폭스」 : 여우 · taxi [tǽksi] 「택시」 : 택시
[gz] 「그즈」	· example [egzǽmpl] 「에그잼플」 : 견본, 보기 · exert [egzə́ːrt] 「에그쩌어~트」 : 발휘하다, (힘 등을) 쓰다

[i] 「이」	· funny [fʌ́ni] 「퍼니」 : 우스운 · Sunny [sʌni] 「써니」 : 화창한

[ai] 「아이」	· sky [skai] 「스카이」 : 하늘 · fly [flai] 「플라이」 : (하늘을)날다

[z] 「ㅈ(즈)」	· zeal [zi:l] 「지일」 : 열중, 열심 · zoo 「주-」 「주-」 : 동물원

1) 다음 단어들 가운데서 고딕체(굵은 글씨체)의 철자는 어떻게 발음되는지 그에 알맞은 발음기호를 [ ]안에 써 넣으시오.

보기

ball → [ɔː]

① apple →[ ] ② all →[ ] ③ ago → [ ]

④ chair →[ ] ⑤ law →[ ] ⑥ car → [ ]

⑦ peace →[ ] ⑧ play →[ ] ⑨ school → [ ]

⑩ child →[ ] ⑪ begin→[ ] ⑫ judge → [ ]

⑬ river →[ ] ⑭ ready→[ ] ⑮ meet → [ ]

⑯ money→[ ] ⑰ high →[ ] ⑱ sing → [ ]

⑲ home →[ ] ⑳ door →[ ]

2) 다음 발음기호에 맞는 단어를 ______에 써 넣으시오.

① [tʃɛər] : ______ ② [bɔ:l] : ______

③ [pɑ:rk] : ______ ④ [plei] : ______

⑤ [lɔ:] : ______ ⑥ [kætʃ] : ______

⑦ [tʃaild] : ______ ⑧ [bridʒ] : ______

⑨ [bɛər] : ______ ⑩ [fɑ́:ðər] : ______

⑪ [mʌ́ŋki] : ______ ⑫ [houm] : ______

⑬ [sku:l] : ___________　　　⑭ [dɔər] : ___________

⑮ [íŋgliʃ] : ___________

3) **다음 (　　)안에 알맞은 말을 넣으시오.**

① '연음'이란 한 단어의 (　　)부분 음이 다른 단어의 (　　)부분 음과 결합하는 것을 말하며, 그 결합과정에서 (　　)음으로 바뀌는 것을 말한다.

② '인터네이션'이란 문장을 읽거나 말할 때, (　　)을 (　　)거나 (　　)것을 말한다.

③ 영어에서는 하나의 단어를 말할 때, 특히 (　　)를 주어서 강하게 발음해야 할 (　　)이 있다. 이것을 (　　)라 하며, 그에 대한 표시는 해당(　　)위에 (　　)으로 나타낸다.

④ 외국인들이 영어를 말하는 것을 듣다 보면 단어 하나하나의 (　　)는 물론 문장 역시 (　　) 리듬과 (　　)등이 자연스럽게 잘 어울려 발음된다는 사실을 알 수 있다.

4) **다음 단어들 속에는 전혀 발음되지 않는 철자, 즉 묵자가 있다. 그에 해당되는 철자를 찾아 (　　) 안에 써 넣으시오.**

보기

climb → [b]

① sign → (　　　)　　② knock → (　　　)　　③ debt → (　　　)

④ night → (　　　)　　⑤ high → (　　　)　　⑥ salmon → (　　　)

⑦ talk → (　　　)　　⑧ half → (　　　)　　⑨ often → (　　　)

⑩ house → (　　　)

part 2.

Unit 1.~23.
회화 1.~28.
EXERCISE
「부록」 기타

Unit 1. I am ~. You are ~. Ann is ~.

Reading Point ......(단수형 문장)

1) I am a student (I'm a student.)
아이 앰 어(애머) 스튜던트
나는 (한) 학생입니다.

2) I am Roy. (I'm Roy.)
아이 앰 로이
나는 로이입니다.

3) You are a teacher. (You're a teacher.)
유 아~어(아러) 티-처~
당신은 (한) 선생님입니다.

4) You are Vill. (You're Vill)
유 아~ 빌
당신은 빌입니다.

5) Ann is a nurse.
앤 이즈 어(이저) 너~스
앤은 (한) 간호사입니다.

6) London is a city.
런던 이즈 어(이저) 시티
런던은 도시입니다.

* I'm = I am You're = You are

단원 해설

영어는 위의 리딩 요점에서 보듯이 그 짜임새가 우리말과는 많이 다르다. 예를들어 1)의 문장을 보더라도, 그걸 순서대로 우리말로 나열하면, 「나는,입니다, (한) 학생」이라는 말이 된다.

이렇듯 영어는 우리말에서는 끝에 와야 할 「입니다 (am)」라는 말이 문장의 중간에 오기 때문에, 그래서 처음 영어를 배우는 사람은 좀 당황하기 마련이다. 그러나 그 같은 느낌은 처음 배울 때 뿐이며, 차츰 영어에 익숙해지다보면 그런 느낌은 저절로 사라진다.

그러므로 처음 영어를 배우는 입장에서는 우선 단어의 뜻을 정확히 알아야 하며, 그런 후에 뜻을 알기에 앞서 영문을 열 번이고 스무 번이고 줄줄 외우는 습관을 가져야 한다.

요점 정리

영어에서는 우리말처럼 문장의 주인공이 되는 말이 곧 주어이다.

본 단원에서는 ' I, You, Roy, Vill, Ann, London 이 그 주어들이고, 「~이다」라는 뜻을 가진 'am, are is'는 be동사들이며, a student, a teacher, a nurse, a city 등 또한 그 주어를 보좌해 주는 단수형 명사(보어)들 이다.

주어, be동사, 보어에 관한 것은 본 단원 「문법코너」에서 다시 설명하겠으니 참조하기 바란다.

New Words

- I [ai] 「아이」 : 나 (나는)
- am [æm] 「앰」 : ~이다. (1인칭 단수, be동사)
- a [ə] 「어」 : 한, 하나의
- student [stju:dənt] 「스튜던트」 : 학생
- Roy [rɔi] 「로이」 : 로이 (남자이름)
- you [ju:] 「유–」 : 당신(들)
- are [a:r] 「아–r」 : ~이다. (2인칭 단수, be동사)
- teacher [tʃεər] 「티–처~」 : 교사
- Vill [vil] 「빌」 : 남자이름
- Ann [æn] 「앤」 : 여자이름
- is [iz] 「이즈」 : ~이다 (3인칭 단수 현재, be동사)
- London [lʌ́ndə] 「런던」 : 영국의 수도
- city [siti] 「시티」 : 도시

1) I am a student.

① 나는 ③ 입니다 ② (한) 학생

· 「I(나) 는 항상 '대문자'를 사용한다. ....(1인칭 단수 대명사)

· 「am(...이다)」은, 1인칭 단수 현재형 be동사

· 「a(하나,1)」는 셀 수 있는 명사 앞에 쓰이며, 해석은 보통 하지 않는다.
「a」를 '부정관사'라 한다.

2) I am Roy.

① 나는 ③입니다 ② 로이 → (나는 로이입니다.)

· Roy(로이)와 같이 '고유명사' 앞에는 「a」는 붙이지 않는다.

3) You are a teacher.

① 당신은 ③입니다 ② (한사람의) 선생님 → (당신은 선생님입니다.)

· You (너, 당신)는 2인칭 대명사

· are (~이다) : 2인칭 단.복수, 1.3인칭 현재형 be동사

· a teacher : (한사람의) 선생님

4) You are Vill

① 당신은 ③입니다 ② 빌 → (당신은 빌입니다.)

· 고유명사(Vill)앞에는 「a」를 붙이지 않는다.

5) Ann is a nurse

① 앤은 ③입니다 ② (한)간호사 → (앤은 간호사입니다.)

· 앤(이름)은 고유명사이기 때문에 '첫자'를 「대문자」로 쓴 것이다.

· is(~이다) : 3인칭 단수 현재형 be동사

· a nurse : (한사람의) 간호사

6) London is a city.

① 런던은 ③입니다 ② (하나의)도시 → (런던은 (하나의)도시입니다.)

· 런던 또한 도시를 이르는 '고유명사'이기 때문에 '첫자'를 「대문자」로 사용한 것이다.

· a city : (하나의) 도시

문법 코너

1) 규 칙

· 한 문장의 '첫자'는 항상 「대문자」로 시작한다.
 하지만 「I」만은 그 예외로 어느 위치에 있던 항상 「대문자」를 사용한다.

· '고유명사'는 언제나 「대문자」로 시작한다.

· 영어에서는 한 문장이 끝났을 때 그 끝에 반드시 마침표(.)를 찍는다. 이것을 Period라 한다.

· '보통명사'의 단수에는 그 앞에 '부정관사'인 「a, an」을 붙인다.

· '고유명사' 앞에는 '부정관사'인「a, an」을 붙이지 않는다.

((참고사항))

▶ 「인칭대명사」: I, You, She, He등과 같이 사람을 가르키는 '대명사'를 말한다. 대명사란 그 명칭 그대로 명사 대신 쓰는 말을 말한다.

▶ 「보통명사」: 사람이나 같은 종류의 물건 등 일반적으로 한 가지의 뜻으로 널리 쓰이는 명사를 말한다.

〈보기〉 boy, girl, student, teacher, city .....

▶ 「고유명사」: 사람이름이나 도시, 산, 강, 지구, 태양처럼 이 세상에서 단 하나밖에 없는 사물의 이름을 말한다.

▶ 「부정관사」: 보통명사인 boy, student, book...등과 같이 셀 수 있는 단수 보통명사 앞에 놓여서 「한, 하나의」로 쓰이는 「a, an」(부정관사)을 말한다. 「a」는 '자음'으로 시작하는 단어 앞에 「an」은 모음으로 시작하는 단어 앞에 쓰인다.

A Talk 01

인사를 어떻게 나누어야 할까요?

'인사'는 우리 인간 모두의 도리이다. 그리고 인간 상호간에 따뜻한 정감을 나타내는 행위이기도 하다.
따라서 '인사'의 형식은 만남과 헤어짐으로 나눌 수 있으며, 인사의 내용도 시간이나 건강, 일, 날씨 등 그때그때의 상황에 따라 그 기분이나 자세가 달라질 수 있다.
'인사'에 대해 다음과 같은 여러 형식을 알아둡시다.

1 하루 중에 달리하는 '인사'

• Good morning .
굿 모~닝
안녕하십니까 ?

〈아침인사〉

• Good afternoon.
굿 애프터~누운
안녕하십니까 ?

〈오후인사〉

• Good evening.
굿 이브닝
안녕하십니까 ?

〈저녁인사〉

• Good night.
굿 나잇
안녕히 주무세요.

〈자기 전 인사〉

2 하루 어느 때나 격식 없이 나누는 '인사'

• Hi ! ....
하이
안녕

〈하루중에 어느때나 가능〉

• Hello !
헬로우
안녕하세요?

〈수시로 사용가능〉

• Hey !
헤이
여! 자네 !

〈친한 사이에 사용〉

Unit 2.

He is ~. She is ~. It is ~.

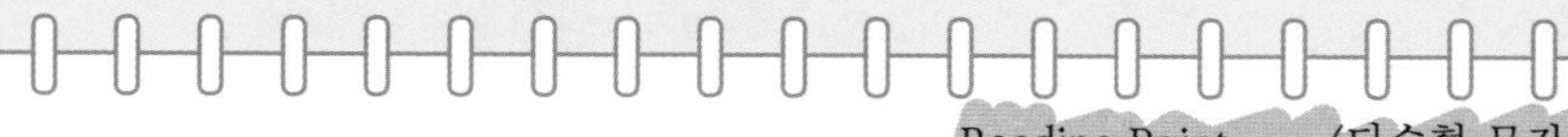

Reading Point ...... 〈단수형 문장〉

1) He is an artist. (He's an artist.)

히- 이즈 어(이저) 아~티스트

그는 화가입니다.

2) He is John. (He's John.)

히- 이즈(히즈) 존

그는 존입니다.

3) She is a designer. (She's a designer.)

쉬- 이즈 어(이저) 디자이너~

그녀는 디자이너입니다.

4) She is Sumi. (She's Sumi.)

쉬- 이즈(쉬-즈) 수미

그녀는 수미입니다.

5) It is a dog. (It's a dog.)

잇 이즈 어(잇티저) 독

그것은 (한마리의) 개입니다.

6) It is an album. (It's an album.)

잇 이즈 언(잇티전) 앨범

그것은 (하나의) 앨범입니다.

* He's = He. is She's = She is. It's = It is

단원 해설

이번 단원 또한 앞의 단원과 마찬가지로 「주어+be동사(is)+보어」형식으로 된 단수형 문장이다.

다만, 'unit 1'단원과 좀 다른 것은 '주어'의 자리에 he(그), she(그녀), it(그것)이 새로 놓여진 것이 다를 뿐이다.

그리고 「~이다」의 의미를 가진 현재형 be동사가 'unit 1'과는 달리 「he, she, it」에서는 공통으로 「is」를 사용하고 있음을 알 수 있다.

또한 여기서 주어를 돕는 '보어'로는 'unit 1'과 마찬가지로 보통명사인 artist, designer, dog 등과 고유명사인 John, Sumi등이 쓰이고 있다.

* 보어 : 주어나 동사만으로는 그 문장의 뜻이 불충분할 때, 그 뜻의 부족함을 보충해 주는 단어를 말한다.

요점 정리

본 단원은 (He, She, It)가 모두 「3인칭 단수 현재」로 이루어져 있다.

1) He is an artist.

① 그는 ③입니다 ② (한사람의)화가 - 그는 (한)화가입니다.

· he → He : 한문장의 '첫자'는 항상 '대문자'로 쓴다.

· a artist : (한사람의) 화가

2) He is John.

① 그는 ③입니다 ② 존 - 그는 존입니다.

New Words

- He [hi] 「히-」 : 그는 (3인칭 단수 대명사)
- artist [á:rtist] 「아~티스트」 : 화가
- is [iz] 「이즈」 : ~이다(상태) 3인칭 단수 현재형 be동사
- John [dʒɔn] 「존」 : 존 (남자 이름)
- designer [dizáinər] 「디자이너~」 : 디자이너, 설계사
- she [ʃi:] 「쉬~」 : 그녀 (3인칭 단수 대명사)
- Sumi [sumi] 「수미」 : 수미 (여자이름)
- it [it] 「이트-잇」 : 그것 (3인칭 단수 대명사)
- dog [dɔ:g / dɔg] 「도-그/독」 : 개
- an [æn] 「앤/언」 : 한(하나의)
- album [ǽlbəm] 「앨범」 : 앨범, 사진첩

· 고유명사는 항상 '첫자'는 '대문자'로 시작한다. ...(John)

· 고유명사 앞에는 「a/an」을 두지 않는다.

3) She is a designer.

① 그녀는 ③입니다 ② (한사람의)디자이너 - 그녀는 (한)디자이너입니다.

· a designer : (한사람의) 디자이너

4) She is Sumi.

① 그녀는 ③입니다 ② 수미 - 그녀는 수미입니다.

* Sumi 는 '고유명사'이기 때문에 그 앞에 「a/an」을 두지 않는다.

5) It is a dog.

① 그것은 ③입니다 ② 개 → 그것은 (한) 개입니다.

· it는 3인칭 단수 대명사

* 문장의 '첫자'는 항상 '대문자'로 시작한다. (it - It)

6) It is an album. (It's an album.)

① 그것은 ③입니다 ② (하나의)앨범 - 그것은 (한) 앨범입니다.

* 회화상에서 보통 'It is'는, 「It's」로 줄여서 말한다.

· an album : (하나의) 앨범

· album 은 첫음이 'a'로 시작하는 모음이기 때문에 「an」을 사용함.

홈코너

◎ 약방의 감초격인 「it」

「it」은 3인칭 단수 대명사이면서도 특별하게 그 쓰임세가 다양하다.

즉, 시간. 기후. 거리. 계절. 요일 등을 나타낼 때는 반드시 'It'을 주어로 삼는다. 하지만 이런 경우의 'It'은 그저 명목상으로 주어이기 때문에, '비인칭주어'라고 하며, 물론 '해석'상에도 「그것은」이란 말은 쓰지 않는다. 영어를 배우는 첫단계이기 때문에 간단한 '예문' 몇가지를 우선 소개하겠다.

- What time is it ? (몇시입니까?) ...... 〈시간〉
- It is seven. (7시입니다.) ..... 〈시간〉
- It is fine today. (오늘은 날씨가 좋습니다.) ....〈날씨〉
- It is spring now. (이제 봄입니다.) ..... 〈계절〉

문법 코너

[규칙]

- 하나의 문장 가운데에는 반드시 '동사'가 들어 있어야 한다.

즉, 「주어+동사(be동사 ...am, is, are) + 보어」형식이다.

* 동사(verb)란, 말 그대로 움직임을 나타내는 품사를 말한다.

「말하다」,「보다」,「먹다」,「걷다」등 그 형태가 다양하다.

하지만 지금 여러분이 배우고 있는 be동사(am, is, are)「~이다」처럼 '상태'를 나타내는 동사도 있다는걸 명심하기 바란다.

((참고사항))

▶ 인칭대명사란 앞서 'unit 1,2'에서 배운바 대로 「I, You, He, She」등과 같이 사람을 가리키는 '대명사'를 말하지만, 「그것의」뜻을 가진 'It'만은 그 예외의 하나로 '인칭대명사'에 포함된다는 것을 유의히기 바란다.

▶ 인칭대명사는 「1인칭(I-나), We-(우리)」, 「2인칭(You-당신(들)」, 「3인칭(He-그), She-(그녀), It-(그것), They-(그것들, 그들)」로 나뉘어진다.

A Talk 02

보다 친밀한 인사를 나누고 싶을 때는 How ~? 로

「How ~?」로 시작하는 인사는 여러 가지 정감어린 의미를 내포하고 있다. 즉, '건강 상태 여부', '요즘 생활은 어떤지?' 또 '요즘 기분은?' 등을 묻고 싶을 때는 「How ~ ?」어구를 쓰면 된다.

♥ 「How ~ ? 」로 시작하는 인사

• How are you?
하우 아~ 유
잘 지내십니까?

특히, '건강'에 대한 안부

* 대답으로는 보통,

• I'm fine.
아임 파인
(좋습니다)이라고 말한 후,

그에 대한 대답

• Thank you (very much.)
땡큐 베리 머치
(감사합니다.)

감사의 표시

• How do you do?
하우 두 유 두
처음 뵙겠습니다.

첫인사

• How are you feeling today ?
하우 아~ 유 필링 터데이

오늘 기분은 어떻습니까?

* 여기서 「How ~?」와 함께 하는 '상태'를 나타내는 「be동사」와, '동작을 나타내는 「do」, 그리고 '기분'을 나타내는 「feel」등을 잘 활용하면 훌륭한 인사를 나눌 수 있다.

♥ 헤어질 때는 인사를 부드럽게.

• Good night !
굿 나잇

'좋은 밤'이란 뜻으로, 헤어질 때 인사

• Good bye !
굿 바이

작별인사. 「잘가!」

• So long.
쏘 롱

가벼운 '작별인사'

Unit 3.

This is ~ . That is ~.

Reding Point......〈단수형 문장〉

1) This is a cat.
디스 이즈 어(이저) 캣
이것은 (한마리의) 고양이입니다.

2) This is a hen.
디스 이즈 어(이저) 헨
이것은 (한마리의) 암탉입니다.

3) This is an egg.
디스 이즈 언(이전) 액
이것은 (하나의) 달걀입니다.

4) This is James.
디스 이즈 제임즈
이분(사람)은 제임스입니다.

5) This is Mr. Kim.
디스 이즈 미스터~킴
이분(사람)은 김씨(선생님)입니다.

6) That is a table.
댓이즈 어(이저) 테이블
저것은 식탁입니다.

7) That is a book.
댓이즈 어(이저) 북
저것은 (한권의) 책입니다.

8) That is a policeman.
댓 이즈 어(이저) 펄리~쓰먼
저분(사람)은 경찰관입니다.

9) That is Miss Han.
댓 이즈 미쓰 한
저분(사람)은 미쓰 한입니다.

10) Mr. Song is a player.
미스터~ 송 이즈 어 플레이어
송군은 운동선수입니다.

단원 해설

이번 'unit3 ' 역시 「주어+be동사+보어」형식의 단수형 문장들이다. 그러나 주어 자리에 인칭대명사가 아닌 '지시대명사'인 「This, That」가 놓인 것이 1,2단원과 다르다.

'지시대명사'란 「이것, 이 사람의」의 뜻을 가진 'this'와, 「저것, 저 사람」의 뜻을 가진 대명사를 말한다. 말하자면, '지시대명사'는 주로 명사(사람, 사물)따위를 가르킨다.

이 3단원에서 지시대명사는 단수인 this, that [복수는 these, those]가 있다는 것을 유의하기 바란다.

요점 정리

1) This is a cat.

① 이것은 ③입니다 ② (한마리의)고양이 - 이것은 (한마리의) 고양이입니다.

· This 는 '이것'이라는 곧 고양이를 가르키는 '지시대명사'

· a cat : (한마리의)고양이

2) This is a hen.

① 이것은 ③입니다 ② (한마리의)암탉 - 이것은 (한마리의) 암탉입니다.

· a hen : (한마리의) 암탉

3) This is an egg.

① 이것은 ③입니다 ② (하나의) 달걀 - 이것은 (하나의) 달걀입

New Words

- this [ðis] 「디스」: 이것, 이사람(분)
- cat [kæt] 「캣」: 고양이
- hen [hen] 「헨」: 암탉
- egg [eg] 「엑」: 달걀
- James [dʒeimz] 「제임즈」: 제임즈 (남자이름)
- Mr. [místər] 「미스터」: ~씨, ~군, ~선생님
- that [ðæt] 「댓」: 저것, 저사람(분)
- table [teibl] 「테이블」: 테이블, 탁자
- book [buk] 「북」: 책
- policeman [pəlíːsmən] 「펄리~쓰먼」: 경찰관
- Miss [mis] 「미쓰」: ~양(미혼 여성의 이름 앞에 붙이는 경칭)
- Miss Han 「미쓰 한」: 미쓰 한, 한양
- Miss Song 「미쓰 송」: 미쓰 송, 송양
- player [pléiər] 「플레이어~」: 운동선수

니다.

* (egg의 첫 발음이 '모음'이기 때문에 「an」이 됨.

4) This is James.

① 이분은 ③입니다 ② 제임즈 - 이분(사람)은 제임즈입니다.

* 여기서 this는 사람을 가리키기 때문에 '이것'이 아닌 「이분」으로 해석함.또한 James라는 사람을 가리키기 때문에 부정관사(a, an,)을 붙이지 않음.

5) This is Mr. Kim.

① 이분은 ③입니다 ② 김선생님 - 이분(사람)은 김선생님입니다.

· Mr. : 「~씨, ~군, ~선생님...」등, 남자의 이름 앞에 붙이는 경칭

6) That is a table.

① 저것은 ③입니다 ② (하나의)탁자 - 저것은 (하나의) 탁자입니다.

* 'That'는 'This'보다 더 멀리 떨어져 있는 것을 가리킨다.

· a table : (하나의)탁자

7) That is a book.

① 저것은 ③입니다 ② (한 권의) 책 - 저것은 (한 권의) 책입니다.

· a book : (한 권의) 책

8) That is a policeman.

① 저분은 ③입니다 ② 경찰관 - 저분(사람)은 경찰관입니다.

· 여기서 That은 사람을 가리키기 때문에 「저분(사람)」으로 해석함.

· a policeman : (한 사람의) 경찰관

9) That is Miss Han.

① 저분은 ③입니다 ② 미쓰한 - 저분은 미쓰 한입니다.

· Miss Han : 미쓰한 (미혼여성의 이름 앞에 붙이는 경칭)

* Miss Han 역시 사람을 가리키는 '고유명사'이므로 부정관사 (a/an)를 붙이지 않는다.

10) Mr. Song is a player.

① 송군은 ③입니다 ② (한) 운동선수 - 송군은 운동선수입니다.

· a player : (한 사람의) 운동선수

문법 코너

[참고사항]

▶ 지시대명사

this(이것), that(저것)처럼 어떤 사람이나 사물, 즉 '보통명사'를 가리키는 대명사를 「지시대명사」라 한다.

그러나 여기서 한가지 유의할 점은 이들이 단독으로 쓰일 때는 「지시대명사」지만, 그렇지 않고 뒤에 '명사'가 놓였을 때는 「지시형용사」가 된다는 점을 알아야 한다.

〈보기〉

· This is a book. (이것은 책입니다.)

지시대명사 (이것은)

· This book is mine. (이 책은 나의 것입니다.)

지시형용사 (이책은)

※ '지시형용사'란 위의 'This book'처럼 명사(book)앞에 와서 그 명사를 수식하는 형용사 역할을 하는 (this)를 말한다.

A Talk 03

쉬운 be동사부터 활용해 보세요 !

회화에서는 쉬운 be동사의 활용부터 다양하게 익히는 것이 매우 중요하다.
우선 Yes/No로 답할 수 있는 질문부터 해 봅시다.

A. Am I right ?
앰 아이 라잇
내 말이 옳지?

B. Yes. (=all right.)
예쓰
응, 그래.

A. Is that all?
이즈 댓 올
그게 전부니?

B. No. And there are more.
노우 앤(드) 데어~ 아~ 모어
아니. 또 있어.

A. Is it true ?
이즈 잇 트루-
정말이니?

B. Yes. (=all right.)
예쓰
그래.

A. Are you ready ?
아~ 유~ 레디
준비가 됐니?

B. I'm ready.
아임 레디
그래, 됐어.

단 어

- right [rait] 「라잇」: 바른, 옳은
- and [ænd] 「앤드」: 그리고, ~와, 또
- true [tru:] 「트루–」: 참된, 진짜의
- all [ɔ:l] 「오올」: 전체의, 모든(것)
- there [ðɛər] 「데어~」: 거기, 저기
- ready [redi] 「레디」: 준비가 된

1) 다음 영문을 우리말로 바꿔 쓰세요

보기

I am a boy. → 나는 소년입니다.

(1) I am a doctor.

→ ______________________________

(2) You are a nurse.

→ ______________________________

(3) Mary is an American girl.

→ ______________________________

(4) Jame is a student.

→ ______________________________

(5) She is Mary.

→ ______________________________

(6) That's Miss Song.

→ ______________________________

(7) He is a teacher.

→ ______________________________

(8) This is an apple.

→ ______________________________

(9) This is an office worker.

→ ______________________________

(10) That is Mr. Jang.

→ ______________________________

2) **다음 우리말을 영문으로 바꿔 쓰세요.**

(1) 나는 학생입니다.

→ ______________________________

(2) 당신은 간호사입니다.

→ ______________________________

(3) 저 사람(분)은 존입니다.

→ ______________________________

(4) 그녀는 디자이너입니다.

→ ______________________________

(5) 이것은 한 권의 책입니다.

→ ______________________________

(6) 그것은 한 개의 식탁입니다.

→ ______________________________

(7) 저 사람(분)은 경찰관입니다.

→ ______________________________

(8) 이 사람(분)은 미쓰 김입니다.

→ ______________________________

(9) 서울은 도시입니다.

→ ______________________________

(10) 민수는 한국의 소년입니다.

→ ______________________________

3) 다음의 나열된 단어들을 말이 되도록 바르게 놓으세요

보기
Is a Jane nurse - Jane is a nurse.

1) a John student is

→ ______________________________

2) city is Paris a

→ ______________________________

3) is designer She a

→ ______________________________

4) apple an is It

→ ______________________________

5) a book is This

→ ______________________________

6) a This farmer is

→ ______________________________

7) is teacher a Jane

→ ______________________________

8) That a table is

→ ___________________________

9) Judy is This

→ ___________________________

10) Mr. Kim player a is

→ ___________________________

4) 다음의 우리말 낱말을 영어로 바꿔 쓰세요.

1) 소녀

2) 디자이너

3) 화가

4) 선생님

5) 경찰관

6) 의사

7) 미국소녀

8) 도시

9) 한국소년

10) 간호사

11) 런던

12) 책

13) 운동선수

14) 가수

15) 저것

16) 이것

17) 문, 출입구

18) 탁자

19) 침대

20) 의자

21) 미쓰 한

22) 달걀

23) 고양이

24) 개

25) 앨범

26) 학생

27) 그녀(는)

28) 농부

29) 전체의, 모든

30) 거기, 저기

31) 참된, 진짜의

32) 준비

Unit 4.

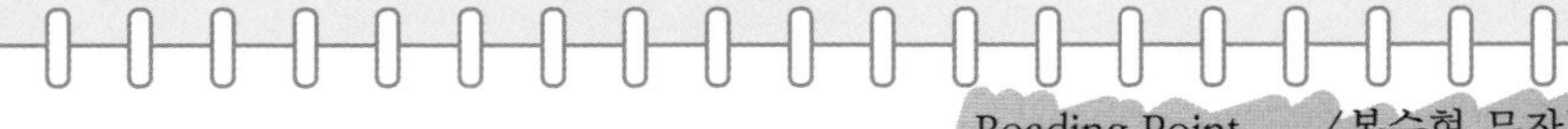

Reading Point ..... 〈복수형 문장〉

1) We are brothers. (We're brothers.)
위 아~ 브러더~즈
우리는 형제들입니다.

2) The brothers are players.
더 브라더~스 아~ 플레이어~즈
그 형제들은 운동선수들입니다.

3) You are girls. (You're girls.)
유 아~ 거~얼즈
당신들은 소녀들입니다.

4) You are sisters. (You're sisters.)
유 아~ 씨스터~즈
당신들은 자매입니다.

5) The sisters are singers.
더 씨스터~즈 아~ 씽어~즈
그 자매들은 가수입니다.

6) They are men. (They're men.)
데이 아~ 멘
그들은 남자들입니다.

7) The men are Korean workers.

더 멘아~ 코리언 워커~즈

그 남자들은 한국의 근로자들입니다.

8) They are monkeys.(They're monkeys.)

데이아~멍키즈

그것들은 원숭이입니다.

New Words

- We [wi:] 「위-」: 우리들 ('I(나)'의 복수형)
- brother [brʌðər] 「브라더~」: 형제, 형, 남동생 * brothers: 형제들 (복수형)
- the [ðə/ði] 「더/디」: (자음단어 앞에서는 '더', 모음단어 앞에선'디') : 이,저
- player [pleiər] 「플레이어」: 운동선수 * players : 운동선수들(복수형) * the players : 그 운동선수들
- girl [gə:rl] 「거~얼」: 소녀 * girls : 소녀들
- sister [sístər] 「씨스터~」: 자매, 누이, 언니, 여동생 * sisters : 자매들 (복수형)
- singer [siŋgər] 「씽어~」: 가수
- they [ðei] 「데이」: 그들(3인칭 복수형)
- men [men] 「멘」: 남자들 (man의 복수형)
- worker [wə́:rkər] 「워-커~」: 근로자 * Korean workers : 한국의 근로자들
- monkey [mʌ́ŋki] 「멍키」: 원숭이 * monkeys : 원숭이들

단원 해설

이번 'unit4'는 복수형 문장들이다. 물론 문장형식은 앞의 1,2,3의 단원과 같은「주어+be동사+보어」형식이지만 그 내용면에 있어서는 앞의 단원들과는 그 성질이 사뭇 다르다.

즉, 앞의 1,2,3 단원은 주어가 I, You, He, She, It등 단수형 대명사로 문장을 시작하고 있는데 반해, 이번 4단원은 We, You, They 등 복수형 대명사로 시작하고 있다.

그리고 be동사 또한 공통으로「are」를 쓰고 있고, '보어' 또한 모두 복수형을 사용하고 있다.

※ 'You are~'「당신, 당신들」만은 영어에서 특별한 경우여서, 단 복수형 모두 공통으로 'You are~'를 사용하고 있다는 점을 유의하기 바란다.

요점 정리

▶ 인칭의 변화

I (나) → We (우리들)

You(당신) → You(당신들) ... '단수'와 '복수'의 글자꼴이 같음.

He, She, It → They (그들)

▶ be동사의 변화

am, is, are → (공통으로) are

1) We are brothers.

①우리는 ③입니다 ②형제들 - 우리는 형제들입니다.

· brother [brʌ́ðər] 「브러더~」 : 형제, 형, 동생

* brothers : 형제들

* 복수형을 만들려면 일반적으로 그 말 끝에 「~s」 또는 「~es」를 붙이면 된다. 자세한 것은 본단원 '문법코너'를 참조하기 바란다.

2) The brothers are players.

①그 형제는 ③입니다 ②운동선수들

· the 「더.디」 : '그', '이', '저' 라는 뜻을 가진 정관사. 자음으로 시작하는 단어 앞에서는 [ðə], 모음으로 시작하는 단어 앞에서는 [ði]로 발음한다. 자세한 것은 본단원 '문법코너'를 참조하기 바람

* the brothers : 그 형제들

· player [pleiər] 「플레이어~」 : 운동선수 * players : 운동선수들

3) You are girls.

①너희들은 ③입니다 ②소녀들 - 너희는 소녀들이다.

· girl [gəːrl] 「거~얼」 : 소녀 * girls : 소녀들

*「You are~」의 경우는 특수한 형태여서 '단수형'이나 '복수형'다같이 공통으로 사용된다.

4) You are sisters.

①당신들은③입니다 ②자매들 - 당신들은 자매입니다.

· sister [sistər] 「씨스터~」 : 자매 * sisters : 자매들

5) The sisters are singers.

①그 자매들은 ③입니다 ② 가수들 - 그 자매들은 가수입니다.

· the sisters : 그 자매들

· singer[siŋgər] 「씽어~」 : 가수 * singers : 가수들

6) They are men.

①그들은 ③입니다 ②남자들 - 그들은 남자(남성)들입니다.

· they [ðei] 「데이」 : 그들

· men[men] 「멘」 : man(남자)의 복수형 - 남자들

* man-men과 같이 불규칙적으로 변하는 복수명사도 있다는 것을 유의하기 바란다.

※별책부록을 참조하기 바람.

7) The men are Korean workers.

①그 사람들은 ③입니다 ②한국의 근로자들

· Korean[kəríːən] 「커리~언」 : 한국의, 한국사람(말)의

· worker 「워~커」 : 일꾼, 노동자, *workers는 복수형

* Korean workers : 한국의 근로자들

8) They are monkeys.

①그것들(그들)은③입니다 ②원숭이들 - 그것들은 원숭이입니다.

· monkey [mʌ́ŋki] 「멍키」 : 원숭이 * monkeys : 원숭이들

여기서 주어인 They는 '보어'인 monkeys가 동물이기 때문에 「그것들」로 해석됨.

[규 칙]

▶ 인칭과 단.복수에 따른 be동사의 변화

	단 수 형		복 수 형	
인칭	주 어	be동사	주어	be동사
1인칭	I	am	we	are
2인칭	You	are	You	are
3인칭	He She It	is	They	are

▶ 상대방이 이미 알고 있는 사람이나 사물 앞에선 'the'를 두어야 한다.

그리고, 'the'는 자음 앞에서는 「더」로, 모음앞에서는 「디」로 발음해야 한다.

▶ 둘 이상을 가리키는 복수명사 끝에는 불규칙 변화를 하는 명사들을 제외하고는 보통 「~s」또는 「~es」를 붙인다.

((참고사항))

▶ 관사(Article)

관사란 「하나의」란 뜻을 가진 '부정관사'(a/an)와, 「그,저」라는 뜻을 가진 정관사(the)로 나눌 수 있다.

1) a, an (부정관사)

「하나의, 1개의」라는 뜻으로, 셀 수 있는 단수명사 앞에 온다.

2) the(정관사)

보통 「그」라는 뜻으로 해석하며, 특정한 대상을 가리켜 말할 때 명사 앞에 붙여 쓴다.

※ 'the'의 사용법

the 는 보통 이런 경우에 쓰인다.

1) 앞에 나온 명사를 다시 지칭할 때.

That is a book. (저것은 책입니다.)

The book is my book. (그 책은 나의 책입니다.)

2) 설명하지 않아도 서로 알고 있는 것을 가리킬 때.

Please shut the window. (그 창문을 닫아주세요.)

* Please [pli:z] 「플리-즈」 : 제발, 아무쪼록

* shut [ʃʌt] 「셧」 : (창문 따위를) 닫다.

* window [windou] 「윈도우」 : 창문

3) 수식어구로 한정적으로 쓰일 때.

The books on the desk are his.(책상위에 있는 그 책들은 그의 것이다).

* on the desk : 그 책상 위에

* his [his] 「히즈」 : 그의 것

4) 이 세상에서 오직 하나 밖에 없는 사물 앞에 붙여 쓴다.

· the sun (태양)

· the moon (달)

· the Pacific (태평양)

5)「the + 고유명사」 형식으로 쓰인다.

· the Alps (알프스 산맥)

· the Kims (김씨네 가족)

6)「the + 형용사」 는 보통명사의 복수형과 같다.

· the old(노인들) = old people

· the poor(가난한 사람들) = poor people

A Talk 04

의문사 How로 시작하는 질문형 회화

「방법」,「정도」,「상태」등 여러 형태의 의미를 나타낸다.

• How about you ?
하우 어바웃 유-
당신 생각은 어떻습니까?

• How do you know that ?
하우 듀- 노우 댓
당신이 그걸 어떻게 아시죠?

• How do you feel ?
하우 듀- 피일
기분이 어떠세요?

• How is your dad ?
하우 이즈 유어~ 대드
아버지는 건강하십니까?

• How are the kids ?
하우 아~ 더 키드
아이들은 잘 있습니까?

• How old are you ?
하우 오울드 아~ 유-
당신은 몇 살입니까?

• How much (is it) ?
하우 머치
값은 얼마나 됩니까?

• How long will you stay here ?
하우 로옹 윌 유- 스테이 히어~
여기에는 얼마동안 계실겁니까?

단 어

- how [hau] 「하우」: 어떻게, 어떤(방법,상태,이유)로, 얼마나
- do [du:] 「두-」: (어떤일, 행위 등을) 하다
- feel [fi:l] 「피일」: 느끼다, 생각하다
- kid [kid] 「키드」: 새끼염소, 아이
- much [mʌtʃ] 「머치」: (양이) 많은, 많음
- will [wil] : ~할(일)것이다. ~할 작정이다
- here [hiər] 「히어~」: 여기에(서)
- about [əbáut] 「어바웃」: ~에 대하여
- know [nou] 「노우」: 알다, 알고있다
- dad [dæd] 「대드」: 아버지
- old [ould] 「오울드」: 나이 먹은
- long [lɔ:ŋ] 「로옹」: (길이, 거리, 물건 등이) 긴
- stay [stei] 「스테이」: 머무르다

Unit 5.

These are ~. Those are ~ .

Reading Point

1) These are cars.
디-스 아~ 카~즈
이것들은 자동차들입니다.

2) Those are apples.
도우즈 아~ 애플즈
저것들은 사과들입니다.

3) These are their toys.
디-스 아~ 데어~ 토이즈
이것들은 그들의 장남감들입니다.

4) Those are your potatoes.
도우즈 아~ 유어~ 퍼테이토우즈
저것들은 당신의 감자들입니다.

5) These cars are toys.
디-스 카~스 아~ 토이즈
이 차들은 장남감들입니다.

6) Those potatoes are theirs.
도우즈 퍼테이토우즈 아~ 데어즈
저 감자들은 그들의 것입니다.

7) This is my father.
디스 이즈 마이 파-더~
이 분은 나의 아버지입니다.

8) That is his computer.
댓 이즈 히즈 컴퓨터
저것은 그의 컴퓨터입니다.

9) These are our pens.
디-스 아~ 아워~ 펜즈~
이것들은 우리의 펜들입니다.

10) Those are their bags.
도우즈 아~ 데어~ 백스
저것들은 그들의 가방들입니다.

단원 해설

이번 5단원 역시 「주어+be동사+보어」형식의 복수형 문장들이다. 이번 단원은 주어가 'this'의 복수형인 'these', 'that'의 복수형인 'those'로 이루어져 있고, 'be동사'와 '보어' 또한 앞의 단원들과 마찬가지로 복수형으로 이루어져 있는 것이 특징이다.

요점 정리

1) These are cars.

①이것들은 ③입니다 ②자동차들 - 이것들은 자동차들입니다.

· these (이것들) : this (이것)의 복수형

· cars (자동차들) : car (자동차)의 복수형

2) Those are apples.

①저것들은③입니다 ②사과들 - 저것들은 사과들입니다.

· those (저것들) : that(저것)의 복수형

· apples(사과들) : apple(사과)의 복수형

3) These are their toys.

①이것들은 ③입니다 ②그들의 자동차들 - 이것들은 그들의 자동차들입니다.

· their(그들의) : they (그들)의 소유격

· toys(장난감들) : toy (장난감) 복수형

New Words

- these [ðiːz] 「디-즈」 : 이것들 (this의 복수형)
- car [kɑːr] 「카~」 : 자동차, *cars : car의 복수형
- their [ðɛər] 「데어~」 : 그들의, '그것들'의 소유격
- toy [tɔi] 「토이」 : 장난감 *toys : toy의 복수형
- my [mai] 「마이」 : 나 (I)의 소유격
- those [ðouz] 「도우즈」 : 그 사람들, 저들, 그것들...(that의 복수형)
- our [auər] 「아워~」 : 우리의, 우리들의 ...(we 의 소유격)
- theirs [ðɛərz] 「데어~즈」 : 그들의 것...(they의 소유대명사)
- apple [æpl] 「애플」 : 사과 *apples : apple의 복수형
- your [juər] 「유어~」 : 당신(들)의, 너희(들)의 소유격
- potato [pətéitou] 「퍼테이토우」 : 감자, *potatoes는 복수형

4) Those are your potatoes.

①저것들은 ③입니다 ②당신들의 감자입니다.

· your(당신들의) : you (당신)의 소유격

· potatoes(감자들) : potato(감자) 의 복수형

5) These cars are toys.

①이 자동차들은 ③입니다 ②장난감들

- 이 자동차들은 장난감들입니다.

*여기서 these는 바로 다음에 명사(cars)가 왔기 때문에 「지시형용사」가됨. - these cars (이 자동차들)

단, 여기서 주의할 점은 다음에 오는 명사가 단수일 때는 'this'를 사용해야 한다.

6) Those potatoes are theirs.

①저 감자들은 ③입니다 ②그들의것 - 저 감자들은 그들의 것입니다.

· those potatoes : 저 감자들

*여기서 those는 '지시형용사'가 됨.

· theirs (그들의것) : their(그들의)의 '소유대명사'임.

7) This is my father.

①이분은③입니다 ②나의아버지 - 이분은 나의 아버지입니다.

*여기서 this는 다음에 오는 말이 사람(분)을 가리키는 말이기 때문에 '이분'으로 해석함.

8) These are our pens.

①이것들은③입니다 ②우리의 펜들 - 이것들은 우리의 펜들입니다.

· our (우리의) : we (우리) 의 소유격

*our pens : 우리의 펜들

Grammar

A Talk

Exercise

9) Those are their bags.

①저 것들은 ③입니다 ②그들의 가방들

- 저것들은 그(저)분들의 가방들입니다.

· their bags : 그(저)분들의 가방들

문법 코너

[규 칙]

▶ 복수대명사나 복수명사 다음에 오는 be동사는 반드시 복수형인 'are'를 써야한다.

▶ '지시형용사'란 these, those처럼 '명사'앞에 와서 그 명사를 수식하는 형용사를 말한다.

((참고사항))

◎ 소유격... 〈인칭대명사의 소유격〉

소유격이란 우리말의 「~의」 의미에 해당하는 말로 인칭에 따라 그 격이 다르다.

✔ 1인칭 { I (단수) …… my (나의)
We (복수)…… our (우리의)

✔ 2인칭 { You (단수) …… your (당신의, 너의)
You (복수) …… your (당신들의, 너희들의)
* 단.복수의 글자꼴이 같다.

✔ 3인칭 { He (단수) …… his (그의)
She (단수) …… her (그녀의)
It (단수) …… its (그것의)
They (복수) …… their (그들의, 그것들의)

[복수형 만들기]

우리말에서는 '명사' 끝에 「~들」을 붙이면 '복수형'이 된다. 영어에서도 우리말의 「~들」처럼 대부분 「~s」나 「~es」를 붙이면 '복수형'이 된다.

그러나 영어는 우리말과는 좀 달라서 무조건 모든 명사에 「~s, ~es」를 붙이는 것은 아니고, 일정한 규칙에 따라 붙인다.

1) 명사 끝에 규칙적으로 「~s,~es」를 붙이는 것들.

〈보기〉 boy (소년) → boys (소년들)

· toy (장난감) → toys · girl (소녀) → girls

· book (책) → books · dog (개) → dogs

2) 단어 끝이 「s, sh, ch, x, o」로 끝나면 「~es」를 붙인다.

· bus (버스) → buses · dish (접시) → dishes

· church (교회) → churches · box (상자) → boxes

· potato (감자) → potatoes

※그러나 단어 끝이 「o」로 끝나더라도 「~s」만 붙이는 것도 있다.

· piano(피아노) → pianos · photo(사진) → photos

3) 「자음+y」로 끝나는 말은 「y」를 「i」로 고친다음 「~es」를 붙인다.

· baby (아기) → babies · candy (사탕) → candies

· city (도시) → cities

4) 단어 끝이 「f. fe」로 끝나면 그것을 「v」로 고친다음 「~es」를 붙인다.

· leaf (나무잎) → leaves · knife (칼) → knives

★불규칙하게 복수형이 되는 것들

(1) 단어 철자 중에서 '모음'이 변하여 복수형이 된다.

· man (남자) → men · foot (발) → feet

· tooth (치아) → teeth · mouse (쥐) → mice

(2) 단어 끝에 「~en, ren」이 붙어서 복수형이 된다.

· ox (황소) → oxen · child(어린이) → children

(3) 단수형과 복수형이 똑같은 것들.

· sheep (양) → sheep · deer (사슴) → deer

· fish (물고기) → fish · Chinese (중국인) → Chinese

A Talk 05

의문사 what으로 시작하는 질문형 회화

What은 회화에서 질문형으로 제일 많이 사용되는 의문사이다.

- What's this ?
  홧(왓)츠 디스

  이건 뭡니까?

- What's the point ?
  홧(왓)츠 더 포인트

  요점이 뭡니까?

- What's up (with you) ?
  홧(왓)츠 업

  무슨 일입니까?

- What's the hurry ?
  홧(왓)츠 더 허-리

  왜 그리 서두르세요?

- What's your problem ?
  홧(왓)츠 유어~ 프라블럼

  너의 고민거리가 뭐니?

• What's your major ?
 홧(왓)츠 유어~ 메이저~
무엇을 전공하십니까?

• What are you after ?
 홧(왓) 아 류 애프터~
무엇을 쫓고 있니? (무슨 꿍꿍이니?)

• What are you thinking about ?
 홧(왓) 아 류 씽킹 어바웃
무엇을 생각하고 있니?

단 어

- what [hwat] 「홧(왓)」 : 무엇, 어떤
- point [pɔint] 「포인트」 : 끝, 점, 요점
- hurry [hə:ri] 「허~리」 : 서두름, 서두르다
- major [méidʒər] 「메이저~」 : 큰 쪽의, 주요한, 주 전공의
- after [æftər] 「애프터~」 : 뒤에
- what's : what is 의 단축형
- up [ʌp] 「업」 : 위쪽으로, 보다 높은데로
- problem [prábləm] 「프라블럼」 : 문제, 골칫거리
- what're : what are 의 단축형
- thinking [θíŋkiŋ] 「띵킹」 : 생각하는, 생각함

Unit 6.

The flowers are very beautiful.

Reading Point ..... 〈형용사, 부사의 활용〉

1) Dogs are very faithful.
독스 아~ 베리 페이스펄
개들은 매우 충실합니다.

2) The dogs are mine.
더 독스 아~ 마인
그 개들은 나의것입니다.

3) The flowers are very beautiful.
더 플라워~즈 아~ 베리 비유-티펄
그(저) 꽃들은 매우 아름답습니다.

4) These flowers are hers.
디-스 플라워즈 아~ 허~즈
이 꽃들은 그녀의 것입니다.

5) The wolves are very fierce / ferocious.
더 울부즈 아~ 베리 피어~스 퍼로우셔스
그(저) 늑대들은 매우 무섭습니다.

6) This Swiss man is kind and diligent.
디스 스위스 맨 이즈 카인드 앤드 딜리전트
이 스위스인은 친절하고 부지런합니다.

7) Babies are angels.
베이비즈 아~ 에인절스
아기들은 천사입니다.

8) The babies are pretty.
더 베이비즈 아~ 프리티
그 아기들은 예쁩니다.

단원 해설

이번 6단원은 문장 구성면에 있어서 앞의 단원들하고는 좀 다르다.

물론 문형(주어+be동사+보어)의 형태는 같지만, 앞의 경우와는 달리 '보어'가 명사나 대명사가 아닌 '형용사'로 이뤄졌다는 점이다.

그리고 형용사(beautiful)앞에 와서 그 형용사를 꾸며주는, 부사(여기서는 very)의 역할을 잘 기어해 두기 바란다.

요점 정리

1) Dogs are very faithful.

①개들은 ③니다 ②매우 충실합 - 개들은 매우 충실함.

· dogs : dog(개)의 복수형

· very : 매우, 대단히 ... (부사)

* 본 단원 '문법코너' 참조

· faithful : 충실함 ... (형용사)

* 본 단원 '문법코너' 참조

2) The dogs are mine.

①그 개들은 ③입니다 ② 나의 것 - 그 개들은 나의 것입니다.

· the dogs : 그 개들

* 여기서 the(정관사)는 한정적인 수식어로 쓰임.

· mine : 나의것 ... (I의 소유대명사)

* 본 단원 '문법코너' 참조

New Words

- dog [dɔg] 「독」: 개 * dogs는 복수형
- very [véri] 「베리」: 매우, 대단히, 무척
- faithful [féiθfəl] 「페이스펄」: 충실한, 충성스러운
- mine [main] 「마인」: 나의 것
- flower [fláuər] 「플라워~」: 꽃 * flowers는 복수형
- beautiful [bjú:tifəl]: 아름다운
- hers [hə:rs] 「허~스」: 그 여자의 것
- wolves [wulvz] 「울브즈」: wolf (늑대의 복수형)
- fierce / ferocious [fíəs/fəroufəs] 「피어~스/퍼로우셔스」: 무서운
- Swiss [swis] 「스위스」: 스위스인(들)
- kind [kaind] 「카인드」: 친절한
- and [ænd] 「앤드」: 그리고, ~과
- diligent [dílidʒənt] 「딜리전트」: 부지런한
- babies [béibiz] 「베이비즈」: baby(아기)의 복수형
- angels [éindʒəl] 「에인절스」: angel(천사)의 복수형
- good [gud] 「굿」: 훌륭한, 착한
- pretty[priti] 「프리티」: 귀여운, 예쁜

3) The flowers are very beautiful.

①그 꽃들은 ③니다 ②매우 아름답습 - 그꽃들은 매우 아름답습니다.

· flowers : flower(꽃)의 복수형

· beautiful : 아름다운 ...(형용사)

4) These flowers are hers.

①이 꽃들은 ③입니다 ②그녀의것 - 이 꽃들은 그녀의 것입니다.

· these flowers : 이(들) 꽃들

· hers : 그녀의 것 ... (she의 소유대명사)

5) The wolves are very fierce/ferocious.

①그 늑대들은 ③니다 ②대단히 무섭습 - 그 늑대들은 대단히 무섭습니다.

· wolves : wolf (늑대)의 복수형

* 앞 단원의 '복수형 만들기' 참조

· fierce : 무서운 ... (형용사)

6) This Swiss man is kind and diligent.

①이 스위스인 남자는 ③니다 ②친절하고 부지런한

- 이 스위스인은 친절하고 부지런합니다.

· this Swiss : 이 스위스의

* Swiss (스위스의, 스위스사람) : 단.복수형이 같음

7) Babies are angels.

①아기들은 ③입니다 ②천사들

· babies : baby(아기)의 복수형

· angels : angel(천사)의 복수형

8) The babies are pretty.

①그 아기들은 ③니다 ②예쁨 - 아기들은 예쁩니다.

· babies : baby(아기)의 복수형

· pretty : 귀여운. 예쁜...(형용사)

· and : ~과, 그리고 ...(접속사)

문법 코너

((참고사항))

◎ 소유대명사란 ?

소유대명사란, 말 그대로 「~것」이란 소유를 나타내는 '대명사'로 다음과 같이 '인칭에 따라 달리 쓰인다.

✔ 1인칭
- I (나 - 단수) → mine (나의 것)
- We (우리 - 복수) → ours (우리의 것)

✔ 2인칭
- You (당신 - 단수) → yours (당신의 것)
- You (당신들 - 복수) → yours (당신들의 것)

✔ 3인칭
- He (그사람 - 단수) → his (그의 것)
- She (그여자 - 단수) → hers (그녀의 것)
- They (그들 - 복수) → theirs (그들의 것)

▶ 형용사란 ?

형용사란 명사나 대명사의 '생김새' 나 '성질', '크기', '색깔'등을 나타내는 품사를 말한다.

〈보기〉

faithful (충실한) , beautiful (아름다운), kind (친절한)

fierce (무서운), diligent (부지런한)

※형용사는 다음과 같이 2가지 용법이 있다.

1) 한정용법

한정적으로 다음에 오는 그 명사만을 수식한다.

· faithful dogs : 충실한 개들

· a red rose : 한 송이 빨간 장미

2) 서술용법

'주어'가 어떠어떠하다고 설명해 준다.

· Koreans are kind.

(한국인은 친절합니다.)

· Babies are pretty.

(아기들은 귀엽습니다.)

▶ 부사란 ?

부사란 문장 안에서 주인공은 되지 못하지만 '동사'나, '형용사' 또는 다른 '부사'를 꾸며주는 역할을 한다.

즉, 주인공이 '언제', '어디서'와 같이 '때',와 '장소', 혹은 '빈도', '정도'등을 나타내는 역할을 하는 말이 곧 「부사」이다.

* 이 단원에서는 'very'가 부사입니다.

▶ 접속사란 ?

단어와 단어, 구와 구, 절과 절을 연결해 주는 품사를 말한다.

본 단원의 'and'(그리고, ~와(과))가 그에 해당한다.

자세한 것은 추후 '문법코너'에서 다시 설명하겠음.

((참고))

(1) 구(Phrase)

2개 이상의 단어가 모여 하나의 품사와 같은 구실을 하는 어군(語群)을 말한다.

구는 일반적으로, 「전치사 + 명사(또는 대명사)」, 「to + 동사의 원형」으로 되어 있다.

구의 종류로는 「명사구」, 「형용사구」,「부사구」로 나뉜다.

(2) 절(Clause)

문장의 일부분으로서, 「주어 + 동사」의 관계를 가진 어군을 말한다. 절은 한 마디로 말해서 하나의 '품사'와 같은 구실을 한다.

※ 자세한 것은 추후 '2권'에서 상세히 설명하겠다.

A Talk 06

의문사 where, who 등 그밖의 질문형 회화

• Where are you going ?
훼(웨) 아 유- 고잉
어디로 갈 겁니까?

• Where am I ?
훼얼 앰 아이
여기가 어딘가요?
* 버스나 열차로 낯선 곳을 찾아갈 때, 또는 남에게 지리를 물을 때의 말

• Who is it ?
후- 이즈 잇
누구세요?

• Why do you want this job ?
훼(웨)이 두 유 원트 디스 잡
왜 이 일을 원하십니까?

• Do you like it ?
두 유- 라이크 잇
마음에 드십니까?

• Is there anything you want ?
이즈 데얼 에니씽 유- 원트
원하는것이 있습니까?

• Fill it up, will you ?
필 잇 업 윌 유-
가득 채워 주시겠어요?

* 주유소에서 기름을 가득 넣을 때 사용하는 말

단 어

• where [hwεər] 「훼(웨)어~」: 어디에(로) *where're = where are
• going [góuiŋ] 「고우잉」: go(가다)의 진행형
• who [hu:] 「후-」: 누구, 누구를(에)
• want [wɔnt] 「원트」: 바라다, 원하다
• like [laik] 「라이크」: 좋아하다
• fill [fil] 「필」: 채우다, 차다
• when [hwen] 「휀」: 언제
• why [hwai] 「화이」: 왜, 어째서
• job [dʒab] 「잡」: 일, 직업
• anything [éniθiŋ] 「에니씽」: 무엇이든
• up [ʌp] 「업」: 위쪽으로, 높은대로

EXERCISE 〈4〉

1) **다음 영어 낱말을 복수형으로 고치시오.**

보기
• he - (they) • boy - (boys)

① I -( )　② She -( )
③ this - ( )　④ girl -( )
⑤ man - ( )　⑥ child - ( )
⑦ baby - ( )　⑧ Swiss - ( )
⑨ brother - ( )　⑩ wolf -( )
⑪ bench -( )　⑫ potato - ( )

2) **우리말을 영어로 바꿔 쓰시오.**

① 그들은 소녀들입니다.

→ ____________________

② 그들은 운동선수들입니다.

→ ____________________

③ 당신들은 가수들입니다.

→ ____________________

④ 이분은 그의 아버지입니다.

→ ____________________

⑤ 개들은 충실합니다.

→ ______________________________

⑥ 저것들은 그녀의 감자들입니다.

→ ______________________________

⑦ 아기들은 귀엽습니다.

→ ______________________________

⑧ 이 꽃들은 매우 아름답습니다.

→ ______________________________

3) 다음 (　　　)안에 해당되는 be동사를 넣으시오.

보기

This (is)a book.

① They (　　　) school boys.

② He (　　　) a father.

③ I (　　　) Roy.

④ She (　　　) a disigner.

⑤ The flower (　　　) beautiful.

⑥ They (　　　) players.

⑦ The elephant (　　　) big and strong.

4) 밑줄 친 낱말을 바르게 고쳐 쓰시오.

보기
We are boy.
boys

① He is a Mike.

→ ______________________

② We are soccer player.

→ ______________________

③ Wolf are fearful.

→ ______________________

④ This boxes are mine.

→ ______________________

⑤ The babies is very pretty.

→ ______________________

5) 다음 영문을 우리말로 고쳐 쓰시오.

① The sisters are nurses.

→ ______________________

② This car is a toy.

→ ______________________

③ These are our parents.

→ ______________________

④ This flower is very beautiful.

→ ______________________

⑤ Men are strong.

→ ____________________

6) 다음 글을, (   )안에 있는 말로 시작하는 문장으로 고쳐 쓰시오.

보기

It is a book.

(They)- They are books.

① I am a singer. (we) -

→ ____________________

② She is a designer. (They) -

→ ____________________

③ You are a doctor. (They) -

→ ____________________

④ This car is a toy. (These) -

→ ____________________

⑤ They are soccer players. (He) -

→ ____________________

⑥ We are tennis players. (I) -

→ ____________________

⑦ He is a student. (They) -

→ ____________________

⑧ This flower is very beautiful. (These) -

→ ____________________

Unit 7.

Are you ~ ? Is he ~? Are they ~?

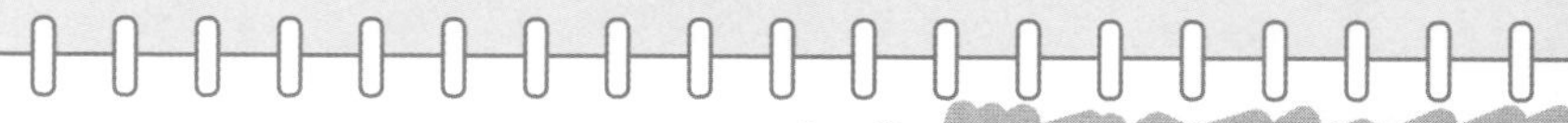

Reading Point … be동사의 의문문과 응답

1) Are you a student ?
아~ 유 어 스튜-든트
당신은 학생입니까 ?

Yes, I am.
예스 아이 앰
예, 그렇습니다.

2) Is he a farmer ?
이즈 히~어 파-머~
그는 농부입니까 ?

Yes, he is.
예스 히-이즈
예, 그렇습니다. (예, 그는 농부입니다.)

3) Are they policemen ?
아- 데이 펄리-쓰먼
그들은 경찰관들입니까 ?

Yes, they are.
예스 데이 아~
예, 그렇습니다.

4) Are you Chinese ?
아 ~ 유 차이니-즈
당신들은 중국인입니까 ?

No, we aren't.
노우 위 아안트
아니오, 그렇지 않습니다.

We are Japanese.
위 아~ 재퍼니-즈
우리는 일본인입니다.

5) Is she an actress ?

이즈 쉬언 액트리스

그녀는 배우입니까 ?

No, she isn't.

노우 쉬 이즌트

아니오, 그렇지 않습니다.

She is a singer.

쉬 이즈 어 싱어~

그녀는 가수입니다.

6) Are they dogs ?

아~ 데이 독스

저것들은 개입니까 ?

No, they aren't.

노우 데이 아안트

아니오, 그렇지 않습니다.

They are wolves.

데이 아~ 울브스

그것들은 늑대입니다.

New Words

- student [stjudnt] 「스튜든트」 : 학생 (미국에서는 중.고생 이상)
- farmer [fá:mə] 「파－머」 : 농부, 농장 경영자
- policemen [pəli:smen] 「펄리－스멘」 : policeman (경찰관)의 복수
- Chinese [tʃainí:z] 「차이니－즈」 : 중국사람(말)
- aren't [a:nt] 「아안트」 : are not 의 단축형
- we [wi] 「위」 : 우리(들)... (I의 복수형)
- Japanese [dʒæpəní:z] 「재퍼니－즈」 : 일본의, 일본사람(말)
- actress [æktris] 「액트리스」 : 여배우
- wolves [wulvz] 「울브즈」 : wolf(늑대)의 복수형
- singer [síŋgər] 「싱어~」 : 가수

단원 해설

이번 단원은 앞의 평서문들과는 달리 「be동사 + 주어+ 보어?」형식의 의문문 문형이다. 즉, '주어'와 'be동사'가 서로 자리 바꿈을 한 후 문장 끝에 의문부호(?)가 붙어서 의문문이 된 것이다. 여러분의 이해를 돕기 위해 본문 1)번을 예로 들어 설명해 보겠다.

· You are a student. .... (긍정문)

주어 be동사 보어

· Are you a student ? ... (의문문)

be동사 주어 보어

그리고 의문문에 대한 응답은 'Reading Point'에서 보듯이 Yes, No로 받되, 실제 회화에서는 말을 줄여서 'I am', 'He is', 'they are', 그리고 'we aren't', 'she isn't', 'they aren't'등으로 응답하고 있다. 이것이 바로 생활 영어의 표현이다.

그리고 '억양'에 있어서는, 우리말도 의문문 일때는 「~입니까?」라고 끝을 올려 말하듯이, 영어에서도 또한 의문문일 때는 대부분 끝을 올려 발음한다는 것을 유의하기 바란다.

※ 의문문과 긍정문의 억양비교

· Are you a student ? (의문문)

· You are a student. (긍정문)

그리고 위의 student처럼 문장 안에서 가장 강조되는 단어는 다른 단어보다 더 세게 발음해야 한다.

'Reading Point' 가운데에서 세게 발음해야 할 단어는, student를 비롯해서 farmer, policemen, Chinese, actress, singer등이고, No, aren't, isn't등 또한 세게 발음해야 한다.

Grammar

A Talk

Exercise

((참고))

· are not'의 단축형인 aren't[a:rnt'와, 'is not'의 단축형인 isn't[iznt]에서처럼 「'」는 어포스트러피 (apostrophe)라 부르는 부호이며, 코머(,)와는 다르니 주의하기 바란다.

· 의문문에 대한 응답에 있어서 Yes, No 다음에는 코머(,)를 찍고, 여기에서 약간 숨을 쉬었다가 발음해야 한다.

요점 정리

1) 긍정문은 You are a student.

· Yes, I am. 다음에 a student가 생략됨.

2) 긍정문은 He is a farmer.

· Yes, he is. 다음에 a farmer가 생략됨.

3) 긍정문은 They are policemen.

· a policeman(경찰관) - policemen (경찰관들)

· Yes, they are. 다음에 policemen이 생략됨.

4) 긍정문은 You are Chinese.

· we aren't를 we're not로 표현해도 됨.

· are't = are not

5) 긍정문은 She is an actress.

· actress가 모음으로 시작되기 때문에 'a'가 아닌 'an'을 사용함.

* 남자배우는 'actor'「액터」

· She isn't를 she's not로 표현해도 됨.

6) 긍정문은 They are dogs.

문법 코너

[규칙]

▶ 의문문에는 반드시 말(문장)끝에 의문부호(?)를 붙인다.

▶ Yes, No 다음에는 코머(comma)를 붙인다.

▶ be동사인 'are'가 문장앞으로 오면「어~」가 아닌「아~」로 발음한다.

((참 고))

◎ 문장의 종류

영어에서 문장을 크게 5가지로 나눌 수 있다.

1) 평서문 : 사실을 있는 그대로 나타낸 문장.
그걸 다시 '긍정문'과 '부정문'으로 나눈다.

2) 의문문 : 의심되거나 궁금한 것을 묻는 문장.

3) 명령문 : 말 그대로, 뭔가를 명령하는 문장.

4) 감탄문 : '놀람', '기쁨', '슬픔'등의 느낌을 나타내는 문장.

5) 기원문 : 어떤 '바람', '소망' 등을 나타내는 문장.

Dialogue 01

▶ full name (성함)에 대한 대화.

A : Who is she ?
후 이즈 쉬ㄴ
저분은 누구입니까?

B : She's Mary.
쉬즈 메리
그녀는 메리입니다.

A : What's her full name ?
홧(왓)즈 허~ 풀 네임
그녀의 이름은 무엇입니까?

B : It's Mrs. Mary Stuart.
잇츠 미세스 메리 스튜아트
미세스 메리 스튜아트입니다.

A : What's her job ?
홧(왓)즈 허~ 잡
그녀의 직업은 무엇입니까?

B : She's a designer.
쉬즈 어 디자이너
그녀는 디자이너입니다.

단어

- who's – 'who is'의 단축형
- What's – 'What is'의 단축형
- Mrs. [misiz] 「미시즈」: 부인, 님
- That's – 'That is'의 단축형
- full name : 이름(성명)
- job [dʒab] 「잡」: 일 (잡일, 품팔이)

Unit 8. Is this ~ ? Is that ~ ?

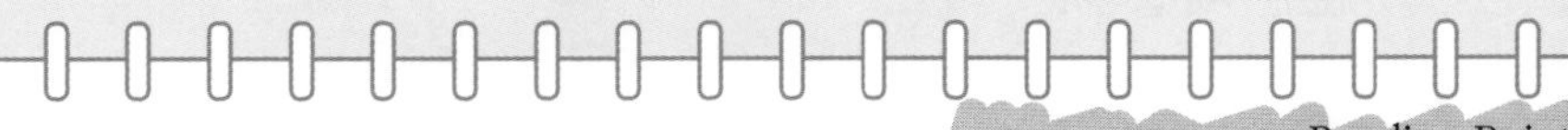

Reading Point

1) Is this an orange ?
이즈 디스 언 오-린지
이것은 오렌지입니까 ?

Yes, it is. It's an orange.
예스 잇 이즈잇츠 언 오-린지
예, 그렇습니다. 오렌지입니다.

2) Is that Ann's doll ?
이즈 댓 앤스 달
저것은 앤의 인형입니까 ?

No, it isn't. It's my doll.
노우 잇 이즌트 잇츠 마이 달
아니오, 그렇지 않습니다. 나의것입니다.

3) Is that a cow or a horse ?
이즈 댓 어 카우 오~어 홀스
저것은 소입니까 ? 또는 말입니까?

It's a cow.
잇츠 어 카우
소입니다.

4) Is this hat Min-ho's?
이즈 디스 햇 민호스
이 모자는 민호 것입니까?

No, it isn't. It's Tae-min's.
노우 잇 이즌트 잇츠 태민스
아니오, 그렇지 않습니다. 태민의 것입니다.

5) Is that her dog ?
이즈 댓 허~ 독
저것은 그녀의 개입니까?

Yes, it is. It's Su-mi's.
예스 잇 이즈 잇츠 수미스
예, 그렇습니다. 수미의 개입니다.

단원 해설

이번 8단원은 앞의 7단원과 같은 be동사 의문문 문형이다.

하지만 이번 단원은 앞 단원과는 달리 'Is this ~ ?', 'Is that ~ ?' 라는 점이 좀 다르다.

그리고 새로운 점이 있다면 위 본문에서의 「Ann's」와 「Min-ho's」 처럼 '명사의 소유격'이 새로이 사용되고 있다는 점이다.

앞서 '인칭대명사의 소유격'과 '소유대명사'에 대해서는 이미 배웠기 때문에 본 단원에서는 '명사의 소유격'에 대해서만 설명하겠다....(문법코너 참조)

요점 정리

1) 긍정문은 This is an orange.

· orange가 '모음'으로 시작되기 때문에 「a」가 아닌 「an」을 사용함.

2) 긍정문은 That is Ann's doll.

· Ann's doll. 앤의 인형 ... (명사소유격)

· '...isn't'다음에 Ann's doll 이 생략됨.

· my doll : 나의 인형

3) 긍정문은 That is a cow or a horse.

· a cow or a horse : (한마리의) 암소 또는 (한마리의) 말

· or : 「또는, 혹은」의 뜻으로, 2개 중에서 한개를 선택할 때에 쓴다.

New Words

- orange [ɔ́:rindʒi] 「오-린지」 : 오렌지, 귤
- doll [dɑl] 「달」 : 인형
- cow [kau] 「카우」 : 암소, 젖소
- or [ɔ:r] 「오~」 : 또는, 혹은, ~든지
- horse [hɔərs] 「호~스」 : 말
- her [hə:r] 「허~」 : 그녀의 (she의 소유격), 그녀에게(를)

4) 긍정문은 This hat is Min-ho's

· this hat : 이 모자 ... (여기서 this는 지시 형용사)

· Min-ho's : 민호의(명사소유격) 또는 민호의 것.(소유대명사)

여기서는 명사 없이 소유격 단독으로, 「~의것」의 뜻.

· Tae-min's : 태민의 것

5) 긍정문은 That is her dog.

· her dog : 그녀의 개

* 소유격 다음에는, 명사 앞에 a/an을 붙이지 않는다.

문법 코너

[규칙]

▶ '소유격'과 함께 하는 '명사', '대명사', 앞에는 부정관사(a, an)를 붙이지 않는다.

〈보기〉 Ann's dog (앤의 개), my doll(나의 인형), her dog(그녀의 개)

((참고))

◑ 명사의 소유격

명사의 소유격이란 'Ann's', 'Min-ho's'등처럼 '누구누구의'라고 소유를 나타내는 것을 말한다.

1) '소유격'을 만드는 법

(1) 사람과 동물은 그 단어 앞에 「's」를 붙인다.

그러나, 's'로 끝나는 복수명사는 그 끝에 「'」만 붙이면 된다.

〈보기〉

· my father's hat : 내 아버지의 모자

· a dog's tail : 개의 꼬리

* the girls' bags : 그 소녀들의 가방들

여기서 girls (소녀들)는 복수형으로 「~s」로 끝나기 때문에 「'」만 붙인 것이다.

(2) 사람과 동물 이외에도 시간, 거리, 무게 등에 대해서도 「's」를 써서 소유격을 나타낸다.

· today's newspaper : 오늘의 신문

· an hour's walk : 한시간의 산책

· seven mile's distance : 7마일의 떨어진 거리

(3) 사람과 동물을 제외한 사물에는 「's」를 붙이지 않는다.

그 대신 전치사인 'of'를 써서 소유격을 만든다.

· the window of the room : 그 방의 창문 (the room's window가 아니라)

2) 명사 소유격의 2가지 뜻

(1) '소유격 + 명사'는 「~의」라는 뜻.

· This is Ann's doll.

(이것은 앤의 인형입니다.)

(2) 소유격 단독으로 사용할 때는 「~의것」의 뜻, 이 때는 소유대명사가 된다.

영어에서는 같은 말을 되풀이하거나 긴 말 사용을 기피하는 경향이 있다. 그래서 소유대명사만으로도 그 뜻을 나타낼 수 있을 때에는그냥 소유대명사만 쓴다.

〈보기 〉

· This hat is Bill's

(이 모자는 빌의 것이다.)

· That dog is Min-ho's.

(저 개는 민호 것이다.)

Dialogue 02

▶ 백화점에서 shopping(쇼핑)하기

A : Are those hats for ladies ?
아~ 도우즈 해츠 퍼~ 레디즈
저 모자들은 여성용입니까?

B : No, they aren't.
노우 데이 아~안트
아니오, 그렇지 않습니다.

They are for men.
데이 아~ 퍼~ 멘
그것들은 남성용입니다.

A : How about these ?
하우 어바웃 디-즈
이것들은 어떻습니까?

B : These are for ladies.
디-즈 아~ 퍼~ 레디즈
이것들은 여성용입니다.

A : O.K. I'll take this.
오우케이 아일 테익 디스
좋습니다. 이걸로 하겠습니다.

* I'll take this :「이걸로 하겠습니다.」
같은 표현으로, ' I'll buy this.' 'I'll buy it.'

단어

- for [fər]「퍼~」: ~을 위하여 ... 〈전치사〉
- aren't → are not 의 단축형
- about [əbáut]「어바웃」: ~에 대하여
- take [teik]「테이크」: 잡다, 획득하다, 받다 등등...

* for ladies : 여성용 ladies는 lady(귀부인)의 복수형
- men [men] 「멘」: 남성
* I'll = I will의 단축형

1) **다음 긍정문을 의문문으로 바꿔쓰시오.**

보기
He is a singer → Is he a singer ?

(1) She is a girl. → ______________________

(2) They are farmers. → ______________________

(3) This is a table. → ______________________

(4) That is my shirt. → ______________________

(5) They are diligent. → ______________________

(6) These books are Ann's. → ______________________

(7) It's her doll. → ______________________

(8) That's not his book. → ______________________

(9) This is her teacher. → ______________________

(10) These are girls' toys. → ______________________

2) **다음 우리말을 영어로 바꿔 쓰시오.**

(1) 그는 친절합니까?
예, 친절합니다. 그는 매우 친절합니다.
→ ______________________

(2) 이것들은 당신의 책들입니까?

아니오, 그렇지 않습니다. 그것들은 그의 책들입니다.

→ ______________________________

(3) 그는 키가 큽니까?

아니오, 그렇지 않습니다. 그는 키가 작습니다.

→ ______________________________

* tall 「토올」: 키가 큰

(4) 이 셔츠는 당신것입니까?

아니오, 그렇지 않습니다. 그것은 형의 것입니다.

→ ______________________________

(5) 이 장난감들은 민수의 것입니까?

예, 그렇습니다. 그것들은 민수의 것입니다.

→ ______________________________

3) 다음 의문문에 대한 응답을 ________에 써 넣으시오.

보기

Is this an apple ?

→ No, it isn't. It's a pear.

(1) Is she an actress ?

No, she ______. __________ a nurse.

(2) Are you a Frenchman ?

No, ______ not. ________ a German.

(3) Is that her piano ?

Yes, ___ ___. _________ hers.

(4) Are these their books ?

Yes, ______ are.

(5) Is this your mother ?

No, she _____. _______ Ann's mother.

(6) Are they kind ?

Yes, ______ are.

4) 다음 영어를 우리말로 바꿔 쓰시오.

(1) Is he poor ? → ______________________________

Yes, he is. He's very poor. → ______________________________

(2) Is that boy tall ? → ______________________________

No, he isn't. He's short. → ______________________________

(3) Is this student Japanese ? → ______________________________

No, he isn't. He's Chinese. → ______________________________

(4) Are they policemen ? → ______________________________

Yes, they are. → ______________________________

(5) Are these babies' toys? → ______________________________

Yes, they are. → ______________________________

Unit 9.

I have ~. He has ~. They have ~ .

Reading Point(have / has)

1) I have a piano.
아이 해브 어 피아노
나는 (하나의) 피아노를 가지고 있습니다.

2) She has three jewels.
쉬 해즈 쓰리 주우-얼스
그녀는 3개의 보석을 가지고 있습니다.

3) That dove has a nest.
댓 더브 해즈 어 네스트
저 비둘기는 둥지를 가지고 있습니다.

4) Min-su's room has two windows.
민수스 룸 해즈 투- 윈도우스
민수의 방은 두개의 창문을 가지고 있습니다.

5) We have a good boat.
위 해브 어 굿 보우트
우리는 (하나의)좋은 보트를 가지고 있습니다.

6) They always have a snack.
데이 오올위즈 해브 어 스낵
그들은 종종 간식을 먹습니다.

7) He has many friends, but I have few friends.
히 해즈 메니 프렌즈 벗 아이 해브 퓨- 프렌즈
그는 많은 친구들이 있습니다. 그러나 나는 친구들이 거의 없습니다.

단원 해설

이번 단원은 앞의 단원들과는 달리 「주어+동사(have)+목적어」라는 새로운 형태의 문형이다.

말하자면 지금까지는 「주어+동사(be동사)+보어」의 형식으로 '동사'가 모두 be동사(am,is,are)이며 '보어'가 뒤따르는 형식이었으나 이번 단원은 동사가 have/has동사로, 그리고 '보어'의 자리에 새로이 '목적어'가 온 것이다.

다음 예문을 보고 그 차이점을 비교해 보기 바란다.

· He is a student. (그는 학생입니다.)
주어 be동사 보어

· He has a piano. (그는 피아노를 가지고 있습니다.)
주어 have동사 목적어

※ 목적어 (object)

목적어란 우리말로 풀이하면 「~을, ~에게」가 되는 말을 일컫는다.

즉, 동사(verb)가 무엇을 하는지 그 동사의 대상이 되는 말이다.

요점 정리

1) 주어인 'I'가 1인칭이기 때문에 have를 사용.

* have가 현재완료를 만드는 조동사로 쓰였을 때만 축약이 가능하므로

2) 주어인 she가 3인칭 단수이기 때문에, has를 사용.

· three jewels : 3개의 보석들

New Words

- have [hæv] 「해브」 : ~을 가지고 있다. 먹다. 소유하다
- has [hæz] 「해즈」 : have의 3인칭 단수. 현재
- three [θri:] 「쓰리-」 : 셋, 3, 셋의, 3명의, 세 개의
- jewel [dʒú:əl] 「쭈-얼」 : 보석, *jewels는 복수형
- dove [dʌv] 「더-브」 : 비둘기
- nest [nest] 「네스트」 : 둥지(보금자리)
- room [rum] 「룸」 : 방, 실
- window [windou] 「윈도우」 : 창문 * windows는 복수형
- boat [bout] 「보우트」 : 보트, 작은 배
- always [ɔ́:lweiz] 「오올위즈」 : 늘, 언제나, 항상
- snack [snæk] 「스낵」 : 가벼운 식사, 간식
- many [meni] 「메니」 : 많은, 다수의
- friend [frend] 「프렌드」 : 친구*friends는 복수형
- but [bət] 「버트」 : 그러나, ~지만… 〈등위 접속사〉
- few [fju:] 「퓨-」 : 조금밖에 없는

· jewels : jewel(보석)의 복수형

3) 주어인 that dove 또한 3인칭 단수이기 때문에, has를 사용.

· That dove : 저 비둘기

* 여기서 that은 지시형용사임.

4) 주어인 Min-su's room 역시 3인칭 단수이기 때문에 has를 사용.

· Min-su's room : 민수의 방

* 여기서 Min-su's 는 명사의 소유격

· two windows는 2개의 창문

* windows는 window(창문)의 복수형

5) We 가 1인칭이기 때문에, have를 사용.

· a good boat : 하나의 좋은 보트

6) They 가 3인칭 복수이기 때문에, have를 사용.

· always : 「늘, 언제나」라는 뜻의 '부사'

· have a snack : 간식을 먹다

* have의 뜻은 일반적으로 「~을 가지고 있다」의 뜻이지만, 음식같은 것을 「먹는다」할 때에도 'have'를 쓰는 경우가 많다.

7) He 가 3인칭 단수이기 때문에, has 를 사용

· many 「많은」의 뜻을 가진 '수량형용사'

· many friends : 많은 친구들

· but : 「그러나, ~지만」의 뜻으로서, 내용이 반대되는 것을 이어주는 등위접속사

* 등위접속사란, 서로를 대등한 입장에서 이어주는 접속사를 말한다.

· few : 수(數)를 나타내는 수량형용사로, 「조금밖에 없는, 거의없는」 뜻. 하지만 'a'가 few 앞에 오면 수(數)가 「적은, 두셋(2,3)」의 뜻이 된다.

문법 코너

[규칙]

▶ 주어가 'I, You' 그리고 복수일 때는 'have'를 쓰고, 그 밖의 모든 3인칭 단수일 때는 'has'를 쓴다.

〈보기〉 I have . You have. They have

그밖에 3인칭 단수일 때는 He has, She has 등과 같이 has를 쓴다.

((참고))

◑ 일반동사란 ?

일반동사란 한 마디로 말해서 be동사 이외의 모든 동사를 말한다.

이를테면 본 단원에서 처음 배우게 된 'have/has동사'와, 그리고 앞으로 배우게 될 play(놀다), like(좋아하다), run(달리다), walk(걷다), talk(말하다)...등 움직임을 나타내는 모든 동사가 이에 속한다.

◑ 수량형용사란 ?

형용사에는 두 가지 종류가 있다. 하나는 앞에서 이미 배운바 있는 kind(친절한), beautiful(아름다운) 등과 같은 성질이나 상태 등을 나타내는 형용사와, one(하나), two(둘)... some(약간) many(많은)등과 같은 수량을 나타내는 것 등 두 가지가 있다. 이렇듯 수량형용사란 '수'와'양'을 나타내는 형용사를 말한다.

[수량형용사의 용법]

수량형용사는 우리말과는 달리 반드시 가려서 써야 한다. 왜냐하면 수(數)나 양(量)을 표현할 때, 우리말에서는 그냥「많다」라든가「적다」라고 하면 되지만, 영어에서는 그렇지가 않다.

즉, 영어에서는 수(數)나 양(量)이 많거나 적을 때 각각 그에 해당되는 말이 있기 때문에 그걸 꼭 가려서 써야한다.

※ 다음의 보기를 참조하기 바란다.

수(數)	양(量)
many	much : 많은
a few	a little : 적은, 조금은 있는
few	little : 거의 없는
공통으로 쓰이는 것	some(약간은), any(조금은), no(하나도 ~없는)

Dialogue 03

▶세관에서 검사를 받다

A : Do you have anything to declare ?
두- 유 해브 에니싱 투- 디클레어
신고할 물건 있습니까?

B : No, I don't.
노우 아이 도운트
없습니다.

A : Are these all your bags ?
아~ 디-즈 오올 유어~ 백스
이것들이 모두 당신 가방입니까?

B : Yes, they are.
예스 데이 아
그렇습니다.

A : What's the purpose of your trip ?
홧(왓)츠 더 퍼~퍼스 오브 유어~ 트립
여행의 목적이 무엇입니까?

B : Sightseeing.
싸이트싱
관광입니다.

단어

- anything [éniθiŋ] 「에니띵」 : 무엇이든, 무언가
- declare [diklɛər] 「디클레어~」 : 선언하다, 단언하다
- bag [bæg] 「백」 : 가방 * bags는 복수
- purpose [pə́:rpəs] 「퍼~퍼스」 : 목적, 취지
- trip [tip] 「트립」 : 여행
- sight [sait] 「사이트」 : 시각, 조망
- seeing [sí:ŋ] 「씨잉」 : 봄, 보기 * sight-seeing : 관광

Unit 10.

Do you have~? Does he have~? Do they have~?

Reading Point(have / has 동사의 의문문)

1) Do you have a car ?
두 유- 해브 어 카-
당신은 차를 가지고 있습니까?

Yes, I do. I have a BMW.
예스 아이 두- 아이 해브 어 비엠더블유
예, BMW를 가지고 있습니다.

2) Do you have dogs in your house ?
두- 유- 해브 독스 인 유어~ 하우스
당신은 집에 개들이 있습니까?

No, I don't. I have cats in my house.
노우 아이 도운트 아이 해브 캣츠 인 마이 하우스
아니오. 집에 고양이들이 있습니다.

3) Does he have an American friend ?
더스 히- 해브 언 어메리컨 프렌드
그는 미국인 친구가 있습니까?

Yes, he does.
예스 히- 더즈
예, 있습니다.

4) Do you have any brothers ?

두- 유- 해브 에니 브라더스

당신은 형제들이 있습니까?

No, I don't. I have two sisters.

노우 아이도운트 아이 해브 투 시스터어즈

아니오. 여동생 둘이 있습니다.

5) Do they have many pictures in their classroom ?

두- 데이 해브 메니 픽쳐스 인 데어~ 클라스루움

그들은 그들의 교실안에 많은 그림들이 있습니까?

Yes, they do.

예스 데이 두

예, 그렇습니다.

New Words

- do [du:] 「두–」: (일, 행위 따위를) 하다, 행하다
  - * have가 일반동사일 땐 축약불가
- in [in] 「인」: ~의 안에
  - * don't = do not
- does [dʌz] 「더즈」: 'do'의 3인칭 단수, 현재형
- any [eni] 「에니」: 약간의, 얼마간의, 무슨
- two [tu:] 「투–」: 둘(2), 둘의, 두개의
- much [mʌtʃ] 「머치」: (양이) 많은
- pictures [píktʃər] 「픽쳐~스」: picture(그림)의 복수형
- classroom [klǽsrùm] 「클래스룸」: 교실

단원 해설

이번 10단원은 「Do(Dose) + 동사(have) + 목적어」형식의 의문문이다.

그러니까 앞의 단원에서 배운 '주어+동사(have)+목적어'형식의 긍정문이 의문문으로 바뀌면서, do/does라는 동사가 새로이 '주어'앞에 놓이고, 문장끝에 의문부호(?)붙여져 의문문이 된 것이다.

물론 앞의 단원들에서 배운 문장들은, 이를테면 긍정문인 You are a student.를 의문문으로 하면, Are you a student ?인 그런 형식의 문장들이었다. 그렇다면 He has an American friend. 라는 긍정문을 의문문으로 한다면 영국과 미국 모두 동일하게 표현한다고 생각합니다. 'does'를 맨 앞에 두고 'has'를 'have'로 바꾸어, Does he have an American friend ?로 표현한다.

결론적으로 말하면, have 때는 Do를 맨 앞에 두며, has 때는 Does를 맨 앞에 두고서 has를 have로 바꾸어, Does he have an American friend ?로 하면 된다.

그리고 응답에 있어서는,

Do로 시작하는 의문문일 경우에는 'do'또는 'don't'로, Does로 시작하는 의문문일 경우에는 'does'또는 'doesn't'로 대답하면 된다.

※ do/does의 본래의 뜻은 「하다, 행하다」이지만, 의문문이나 부정문을 만들 때는 별 뜻이 없고, 다만 '조동사'로서의 역할만 한다.

요점 정리

1) 긍정문 → You have a car.

· have 동사가 포함된 의문문이기 때문에, 맨 앞에 do를 둠.

Yes, I do.는 Yes 다음에 I have a car.를 줄인 대답

2) 긍정문 → You have dogs in your house.

· have 동사가 있는 의문문이기 때문에, 맨 앞에 do를 둠.

· in : 「~의 안에(서, 의)」의 뜻 (전치사)

· in your house : 당신의 집에

· I don't 다음에 have dogs in my house 가 생략됨.

3) 긍정문 → He has an American friend.

· He가 3인칭 단수이므로, 본문에서와 같이 의문일때는 has가 have로 바꾸어지고 맨 앞에 'Does'가 옴.

· an American friend : (한사람의) 미국인 친구

· Yes, he does.는 Yes, he has an American friend.를 줄인 대답.

4) 긍정문 → You have some brothers

* 의문문을 나타낼 때는 'any'를 사용하지만, 긍정문을 나타낼 때는 'some'을 사용한다. 뜻은 2개 똑같이 「약간의, 얼마간의」뜻이지만, any는 의문문과 부정문에, some은 긍정문에 쓰인다. ex) You don't have any brothers.

5) 긍정문 → They have many pictures in their classroom.

· have 동사가 있기 때문에, 의문문에 Do를 사용.

· many pictures : 많은 그림들

* pictures는 picture(그림)의 복수형

· in their classroom : 그들의 교실안에

문법 코너

[규칙]

▶ have동사의 의문문은 have 때는 'do'를 문장 맨 앞에 두어야 하며, has때는 'does'를 맨 앞에 두고서 'has'를 'have'로 바꾼 다음 끝에 의문부호(?)를 붙여야 한다.

그리고 대답에 있어서는, Do로 시작하는 의문문은 do, don't로 답하고, Does로 시작하는 의문문은 does, doesn't로 답하면 된다.

이때 do와 does는 각각 have와 has를 대신하기 때문에 have, has의 '대동사'라 한다.

((참고))

◑ 전치사란 ?

전치사란 이름 그대로 '명사'나 '대명사'앞에 놓여 그 명사나 대명사를 도와주는 역할을 하는 품사를 말한다.

그러니까 전치사는 스스로 홀로서기는 할 수 없고, 반드시 명사나 대명사를 동반해야만 그 역할을 할 수 있다.

본 단원에서는 바로 'in'이 전치사이다.

다시 말하자면 명사나 대명사 등과 함께 구(句)를 이루어 형용사처럼 명사를 꾸며주기도 하고, 또 부사처럼 동사, 형용사 그리고 다른 부사를 꾸며주기도 한다.

또한, 다음에 오는 목적어에 따라서 같은 전치사라도 시간, 장소, 수단, 방법등에 따라 위치나 그 뜻이 여러 형태로 달리 표현되니 잘 익혀두기 바란다... (자세한 것은 'part3'을 참조하기 바람)

◑ 물질명사란

물질명사란 그 이름 그대로 물질의 이름을 나타내는 품사로, 셀 수 없는 명사를 말한다.

여기서 말하는 물질이란, 물(water), 우유(milk), 차(tea)...등처럼 그 모양과 크기가 일정하지 않기 때문에 제대로 정확한 숫자를 셀 수 없는 것이 특징이다.

그래서 영어에서는 다음과 같이 그 물질명사의 복수형을 만들어 쓰고 있다.

※ 글라스(glass)나 컵(cup)처럼 물질을 담는 그릇이나 계량 단위를 앞에 붙여서 복수형을 만든다.

· a glass of water : 물 한 잔(컵)

· two glasses of water : 물 두 잔(컵)

· three cups of tea : 차 세 잔(컵)

· two liters of milk : 우유 2리터

Dialogue 04

▶주유소에서 기름을 넣다.

A : Fill it up, please.
필 잇 업 플리즈
가득 채워 주세요.

B : Premium or regular, Miss ?
프리미엄 오어~ 레귤러~ 미쓰
고급입니까? 보통입니까?

A : Regular, please.
레귤러~ 플리-즈
보통으로 해 주세요.

B : Anything else, Miss ?
에니싱 엘스 미쓰
그밖에 다른 필요한 것은 없습니까?

A : Where do I get air ?
훼(웨)어 두- 아이 겟 에어~
공기를 넣고 싶은데 어디서 넣어야 하나요?

B : Right over there, Miss.
라이트 오우버~ 데어~ 미쓰
바로 저쪽입니다, 손님(선생님. 숙녀님)!

단어

- fill [fil] 「필」 : (가득) 채우다, 차다, ~으로 충만하다
- up [ʌp] 「엎」 : 위쪽으로, 높은대로, 떠올라서
- premium [príːmiəm] 「프리-미엄」 : 고급의, 값비싼, 할증금
- regular [régjulər] 「레귤러~」 : 보통의, 정규적인, 규칙적인
- anything [éniθiŋ] 「에니띵」 : 무엇이든, 아무것도
- else [els] 「엘스」 : 그밖의
- get [get] 「겥」 : 손에 넣다, 잡다, ~을 하게하다, 얻다
- air [ɛər] 「에어~」 : 공기
- right [rait] 「라이트」 : 바른, 틀림없는, 오른쪽(편)에, 바로

EXERCISE 〈6〉

1) 문장(말)이 되도록, have, has, do, does중에서 맞는 것을 골라 ( ) 안에 써 넣으시오.

보기
· I (   ) a book.- (have)
· (   ) you have a dog ? - (Do)

(1) (   ) you have a piano ?

(2) (   ) he have a bicycle ?

(3) They (   ) many apples and oranges.

(4) John and Bill (   ) a big house.

(5) (   ) she have a pretty nose ?

(6) The monkey (   ) a tail.

(7) Does Ann (   ) dolls ?

(8) (   ) the boys have five kites?

2) 다음의 평서문을 의문문으로 바꿔 쓰시오.

보기
She has a violin.
- Does she have a violin ?

(1) You have a dog.

→ ______________________________

(2) We have many apples and pears.

→ ________________________________

(3) He has a good boat.

→ ________________________________

(4) The house has three windows.

→ ________________________________

(5) The kite has two tails.

→ ________________________________

(6) Jane has many friends.

→ ________________________________

3) 다음의 글에서 밑줄 친 곳을 바르게 고쳐쓰시오.

보기

· Mary <u>have</u> a doll.
(has)

· <u>Do</u> Mary <u>has</u> a doll ?
(Does) (have)

(1) <u>Do</u> he <u>has</u> a horse ?
( ) ( )

(2) <u>Do</u> Bill <u>has</u> balls ?
( ) ( )

(3) <u>Does</u> Ann and Mary <u>has</u> Chinese friends ?
( ) ( )

(4) Jane <u>have</u> many <u>book</u>.
( ) ( )

(5) <u>Do</u> Mike often <u>has</u> cakes ?
( ) ( )

4) 다음의 의문문에 대한 바른 답변을 _____안에 써 넣으시오.

보기

〈보기〉 Does he have a car ?

Yes, _______does. He ______a Reo. (답) he, has

(1) Do you have a piano ?

Yes, I do. I _____ a Samick piano.

(2) Do they have balls ?

Yes, ____ do. ______ have two balls.

(3) Does he have a bicycle ?

No, he _____. He ______ a car.

(4) Does Mary have a Korean friend ?

Yes, _____ does. ______ has Mi-ra.

(5) Does Roy have any brothers ?

Yes, ____ does. He _____ two brothers.

(6) Do you have a violin?

Yes, ____ do. I _____ a Samick violin.

(7) Does Ann have many books ?

Yes, ____ does. She _____ many books.

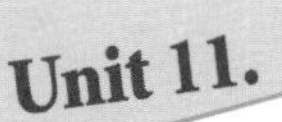

Unit 11. 일반동사의 긍정문, 부정문

Reading Point

1) I run.
아이 런
나는 달립니다.

2) We do not run.
위 두- 낫 런
우리는 달리지 않습니다.

3) He walks.
히- 워-크스
그는 걷습니다.

4) He does not walk quickly.
히- 더즈 낫 워-크 퀵클리
그는 빨리 걷지 않습니다.

5) She reads a book.
쉬 리-드즈 어 북
그녀는 책을 읽습니다.

6) He studies English hard.
히- 스터디즈 잉글리쉬 하~드
그는 영어를 열심히 공부합니다.

7) Mike likes oranges and apples.
마이크 라이크스 오-린지즈 앤(드) 애플즈
마이크는 오렌지와 사과를 좋아합니다.

8) I see a cat under the table.
아이 씨- 어 캣 언더~ 더 테이블
나에게 탁자 밑에 고양이가 보입니다.
(= 나는 탁자 밑에 있는 고양이를 봅니다.)

단원 해설

이번 단원은 be, have 동사 이외의 일반동사에 관한 문형이다.

동사란 움직임을 나타내는 품사로, 주어, 보어, 목적어 등과 함께 문장의 뼈대를 이루는 요소의 하나이다.

아무튼 지금까지는 '상태'를 나타내는 be동사와 '소유'를 나타내는 have 동사에 대해 공부했지만, 지금부터는 말하고, 듣고, 웃고, 달리고, 먹고...등등 실제로 여러 움직임을 나타내는 동사에 관해서 공부하겠다.

특히 이번 단원에서 유의할 점은 run(달리다), walk(걷다), 말하다(talk, speak), study(공부하다), like(좋아하다), know(알다), look(보다,보이다)등과 같은 '원형동사'(현재형)는, 주어가 3인칭 단수일 때는 반드시 그 동사(원형동사) 끝에「~s」또는「~es」를 붙여야 한다는 점을 명심하기 바란다.

요점 정리

1)「주어+동사」만으로 이루어진 영어에 있어서 가장 짧은 형태의 문장. *1인칭 단수 긍정문

여기서 run처럼 다른 보어나 목적어 없이 홀로서기를 할 수 있는 동사를「완전자동사」라 한다... (자세한것은 '문법코너' 참조)

2)「주어+do not +동사」... (1인칭 복수 부정문)

· 부정문 문형은, 본 단원 2), 4)번과 같이「주어+do(does) not + 동사원형」의 문장 형식이다.

New Words

- run [rʌn] 「런」: 달리다
- walk [wɔ:k] 「워-크」: 걷다 *walks는 3인칭 단수 현재형
- quickly [kwíkli] 「퀵클리」: 빨리, 서둘러
- read [ri:d] 「리-드」: (책,편지 따위를)읽다
- studies [stʌ́diz] : study (공부하다)의 3인칭 단수 현재형
- hard [ha:rd] 「하~드」: 열심히
- like [laik] 「라이크」: ~을 좋아하다 *likes는 3인칭 단수 현재형
- see [si:] 「씨~」: ~을 보다, ~이 보이다
- under [ʌ́ndər] 「언더~」: ~밑에(서)

· 여기서는 원형동사인 run 앞에 'do not'를 두어, We do not run.이 된 것이다.

* 원형동사란, '기본형'인 동사를 말한다.

* 부정문은 have동사의 부정문처럼 1,2,3인칭 복수일 때는 'do not(don't)', 3인칭 단수일 때는 'does not(doesn't)'를 원형동사 앞에 둔다.

3) 역시 「주어+동사」형식의 문장 ... (3인칭 단수 긍정문)

· walks의 원형동사는 walk이다. 그런데 왜 walk 끝에 「~s」가 붙여졌을까?

그에 대해서는 다음의 규칙을 반드시 익혀두기 바란다.

* be, have동사 이외의 일반동사는 주어가 '3인칭단수'일 때 반드시 그 원형동사 끝에 「~s」또는 「~es」를 붙여야 한다.

하지만 '부정문'일 때는 주어가 3인칭 단수일지라도 「~s」나 「~es」를 붙이지 않는다.

4) 이번 문항 또한 「주어+does not + 원형동사」형식의 부정문

* 긍정문은 He walks quickly.

* 주어가 3인칭이지만, 부정문이기 때문에 walk(원형동사)를 사용했으며, 그 앞에 does not를 두었다.

5) 「주어+동사+목적어」형식의 문장 ... (3인칭 단수 긍정문)

· 주어인 she가 3인칭 단수이므로 원형동사인 'read' 끝에 「~s」가 붙여져 현재동사인 'reads'가 됨.

* 여기서 a book은 '목적어'임.

6) 역시 「주어+동사+목적어」형식의 문장 ... (3인칭 단수 긍정문)

· 주어인 he가 3인칭 단수이므로 원형동사인 study가 studies로 됨.

* 「자음+y」로 끝나면, 'y'를 'i'로 고치고 '~es'를 붙인다.

· 여기서 hard는 부사로, 동사인 studies를 꾸며 주고 있다.

7) 역시 「주어+동사+목적어」형식의 문장 ... (3인칭 단수 긍정문)

· 주어인 Mike 또한 3인칭 단수이므로 원형동사인 like 끝에 「~s」가 붙여져 현재동사인 'likes'가 됨.

· 여기서 oranges and apples는 목적어.

8) 이번 8)번은 「주어+동사+목적어」형식의 문장

· see는 「~을 보다」의 의미가 있지만 8)번처럼 「see+물건」의 형식일 때는 「~이(가)보이다」의 의미로 해석하는 편이 자연스럽다.

· under the table : 그 탁자 아래에

이 어구는 「전치사+정관사+명사」의 단어로 구성되어 있는 '부사구'이다.

* '부사구'는 부사의 역할을 한다.

여기서 '구(句)'란 두 개 이상의 단어의 모임으로, 마치 하나의 품사처럼 그 역할을 하는 것을 말한다.

문법 코너

[규칙]

▶ 주어가 3인칭 단수이고 동사가 현재형인 경우에는 그 동사 끝에 「~s」또는 「~es」를 붙인다.

▶ 일반동사의 부정문은 주어가 3인칭 단수일지라도 동사가 현재형인 경우에는 그 동사 끝에「~s」또는 「~es」를 붙이지 않고, '원형'그대로 사용한다.

((참 고))

◑ 원형동사란?

원형동사란 일반동사의 기본형을 말한다.

이를테면,「달리다」,「달리는」,「달려서」,「달렸다」,「달렸었다」라는 말을 국어사전에서 찾으려면 이 낱말의 뿌리(기본)가 되는 「달리다」라는 말을 찾아야 한다.

그렇듯 영어에서도 그 뿌리가 되는 단어, 즉 기본형이 되는 동사를 원형동사라 한다.

※원형동사에 「~s」 또는 「~es」를 붙여서 3인칭 단수 현재형을 만드는 법

· 대부분의 동사는 그 끝에 「~s」만 붙이면 된다.

〈보기〉 run → runs, walk → walks, read → reads ...

· 단어가 's', 'sh', 'ch', 'o'로 끝날때는 「~es」를 붙인다.

〈보기〉 wash → washes, teach → teaches, go → goes

· 단어가 「자음+y」로 끝나면 'y'를 'i'로 고치고 「~es」를 붙인다.

〈보기〉 study → studies

◑ 자동사와 타동사란?

· 자동사 : 목적어를 필요로 하지 않는 동사

〈보기〉 He walks. (그는 걷는다)

· 타동사 : 목적어를 필요로 하는 동사

〈보기〉 She reads(동사) a book(목적어). (그녀는 책을 읽는다.)

* '완전동사', '불안전동사'에 대해서는 '제2권'에서 설명하겠음.

◑ 문장구성의 4요소와 5가지 문형

사람이나 동물 할 것없이 모든 생물은 '뼈'로 이루어져 있다.

뼈가 있기 때문에 우선 모양을 갖출 수 있고, 지탱할 수 있으며, 또 움직일 수 있다.

이처럼 뼈는 모든 생물체에 있어서 바로 그 생명 자체처럼 아주 중요하다.

그와 마찬가지로 문장에서도 반드시 없어서는 안 될 그 '뼈들'이 있다. 즉 '주어', '동사', '보어', '목적어'가 그것들이다.

이것들이 없으면 문장구성이 이루어지지 않는다.

그래서 이 네가지를 문장의 4요소라 한다.

※영어에 있어서 다섯가지 문형

영어책을 보면 그것이 전문서적이든 신문이든 잡지든 할 것없이 엄청난 양의 많은 활자들로 가득차 있다. 하지만 그 많은 것들도 결국 따지고 보면 놀랍게도 다음과 같이 5가지 형태로 구성되 있다는 걸 알 수 있다.

	주어(S)	동사(V)	목적어(O)	보어(C)
(1) 제 1형식 ➜	He	walks.		
(2) 제 2형식 ➜	Mary	is		pretty.
(3) 제 3형식 ➜	I	read	a book.	
(4) 제 4형식 ➜	She	gave	me	a book.
(5) 제 5형식 ➜	We	called	the dog	Happy.

※ 주어 : Subject　동사 : Verb　목적어 : Obeject　보어 : Complement

Dialogue 05

▶ 운동에 관한 대화

A : Do you play any sports?
두- 유 플레이 에니 스포~츠
당신은 어떤 운동을 하십니까?

B : Yes, I...
예스 아이
음, 저….

I sometimes play tennis.
아이 썸타임즈 플레이 테니스
저는 가끔 테니스를 칩니다.

A : Do you play on Sundays?
두 유 플레이 온 썬디즈
일요일에 하십니까?

B : No, I don't.
노 아이 도운트
아니오, 그렇지 않습니다.

I play tennis every Tuesday.
아이 플레이 테니스 에브리 튜-즈디
저는 매주 화요일에 합니다.

단어

- play [plei] 「플레이」 : 놀다, 뛰어다니다, 경기를 하다
- any [éni] 「에니」 : 어떠한, 얼마간의[의문문에서]
- sports [spɔ́ə:rts] 「스포어~츠」 : 스포츠의 [~에 관한]
- sometimes [sʌ́mtaimz] 「썸타임즈」 : 때때로, 가끔
- tennis [ténis] 「테니스」 : 테니스, 정구
- Sunday [sʌ́ndi] 「썬디」 : 일요일
- every [évri] 「에브리」 : 어느~이나 다, 모두[든]
- Tuesday [tju:zdi] 「튜-즈디」 : 화요일

Unit 12.

can, may, must 등의 평서문

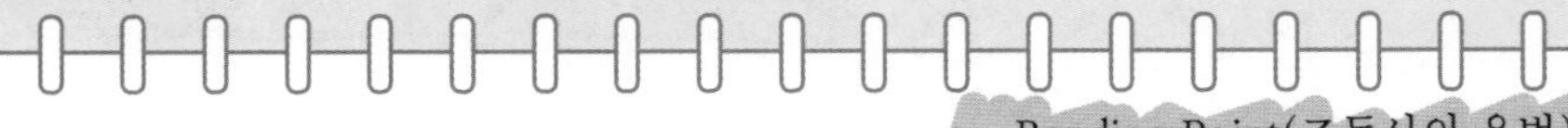

Reading Point(조동사의 용법)

1) I can swim very fast.
아이 캔 스윔 베리 패스트
나는 아주 빨리 헤엄칠 수 있다.

2) She can speak English well.
쉬- 캔 스피-크 잉글리쉬 웰
그는 영어를 잘 말할 수 있다.

3) Mike cannot play the piano.
마이크 캔낫 플레이 더 피아노
마이크는 피아노를 잘 칠 수 없다.

4) You will be able to start tomorrow.
유- 윌 비 에이블 투 스타~트 터모~로우
너는 내일 출발할 수 있을것이다.

5) He may arrive at eight (o'clock).
히 메이 어라이브 엣 에잇
그는 8시에 도착할지도 모른다.

6) You must go there.
유 머스트 고우 데어~
당신은 거기에 가야 한다.

7) You must not go there.

유 머스트 낫 고우 데어~

당신은 거기에 가서는 안된다.

8) She must be an American.

쉬 머스트 비 언 어메리컨

그녀는 미국사람임에 틀림없다.

9) He will have to start now.

히 윌 해브 투 스타~트 나우

그는 지금 출발해야 할 것이다.

New Words

- can [kæn] 「캔」 : 할 수 있다
- swim [swim] 「스윔」 : 헤엄치다, 수영(=swimming)
- very [veri] 「베리」 : 대단히, 아주
- fast [fæst] 「패스트」 : 빠른, 빨리
- speak [spi:k] 「스피크」 : 이야기하다, 말을하다
- well [wel] 「웰」 : 잘, 만족스럽게, 능숙하게
- play [plei] 「플레이」 : 놀이(하다), 경기,게임(하다), (악기따위를)연주하다
- will [wil] 「윌」 : (조동사, 단순미래로 쓰일 경우엔) 「~할것이다」,(의지미래로 쓰일 경우엔) 「~할작정이다」, 「~하겠다」
- be [bi] 「비」 : 「~이다」, am, is, are 등의 원형동사
- able [eibl] 「에이블」 : 재능이 있는 *be able to = can
- start [sta:rt] 「스타~트」 : 출발하다
- tomorrow [təmɔ́:rou] 「터모~로우」 : 내일
- may [mei] 「메이」 조동사로,(~할지도 모른다), (~해도 좋다)
- arrive [əráiv] 「어라이브」 : 도착하다, 닿다
- must [mʌst] 「머스트」 : ~해야한다, 하지 않으면 안된다
- go [gou] 「고우」 : 가다, 나아가다
- there [ðeər] 「데어~」 : 그곳에(서), 저기에(서)
- now [nau] 「나우」 : 지금, 현재, 이제

Grammar

A Talk

Exercise

단원 해설

이번 12단원은 조동사에 관한 문형이다. 즉, 이름 그대로 동사를 도와 그 동사가 충분히 자기의 몫을 다할 수 있도록 옆에서 특급 참모 역할을 하는 것이 곧 조동사이다.

영화에서도 '주연'과 '조연'이 있는 것처럼, 영어에서도 동사를 '주연' 조동사를 '조연'으로 해석하면 보다 이해가 빠를 것이다.

아무튼 조동사는 '동사'를 도와서 「부정문」, 「의문문 만들기」, '가능', '필요', '의무', '미래'등을 나타내는 데에 절대로 없어서는 안 될 품사이다. 조동사에는 can, may, must 이외에도 do/does, will(would), shall(should)등이 있다.

요점 정리

1) · can은 「할수있다」의 뜻, '능력'이나 '허가'를 나타낼 때 쓰인다.

· very(대단히, 아주)는 '정도'를 나타내는 부사. fast(빨리) 또한 '방법'을 나타내는 부사.

* '부사'는 다른 부사 앞에 와서 그 '부사'를 꾸며주기도 한다.

2) · He가 3인칭 단수일지라도 조동사인 can과 speak(원형동사)에는 「~s」또는 「~es」를 붙이지 않는다. ..(본단원 문법코너 참조)

· well(잘, 능숙하게)또한 부사로, 여기서는 동사인 speak를 꾸며주고 있다.

3) · 이번 문항은, Mike can play the piano.(마이크는 피아노를 칠 수있다.)에 대한 부정문이다.

* The piano : 「그피아노」라고 해석하기 보다는 그냥 「피아노」라고 해석하는 것이 좋다. 왜냐하면 단수 보통명사에 'the'를 붙이면 같은 종류의 물건 전체를 나타내는 뜻이 있기 때문이다.

4) 이번 문항은 「~할수있을것이다」라는 뜻을 가진 미래형 문장이다.

· 'will'은 조동사로, 평서문으로 사용할 때에는 「~할 것이다」라는 의미의 단순미래와, 「~할 작

정이다」라는 '의지미래'그 두 가지로 쓰인다. 여기에서는 '단순미래'로 쓰이고 있다.

· be able to : 'can'의 대용어

* be able to 다음에는 반드시 '동사원형'이 온다

그리고 be able to에서 be는 주어의 인칭, 수, 시제에 따라 am, are, is, was, were등으로 바뀌어 쓰인다는 점을 유의하기 바란다.

※ 한 문장 안에서 '조동사'는 둘 이상을 동시에 겹쳐 쓸 수 없기 때문에, 'will can'이라 하지 않고 'will be able to'라고 한것이다.

5) 이번 문항은 may의 '추측'을 나타낸 문장이다.

· may는 여기서 「~할지도 모른다」의 뜻의 조동사

그러나 '의문문'으로 쓰일 때에는 「~해도 좋습니까?」라는 허가의 의미로 쓰인다.

· at eight : 8시에...(eight 다음에 'o'clock'가 생략됨)

6) 이번 문항은 조동사 must의 '필요', '의무'를 나타낸 문장이다.

· must : 「해야한다」, 「~하지 않으면 안 된다」의 뜻.

같은 뜻으로 'have to'가 있다.

7) 앞의 You must go there. 에 대한 부정문

· must not : 「~해서는 안 된다」

* must not 은 'may'의 부정문으로 주로 쓰인다.

〈보기〉

May I come in ? (들어가도 좋습니까?)

No, you must not. (아니오, 안됩니다.)

8) 이번 문항은 must의 '강한 추측'을 나타낸 문장이다.

· 여기서 must는 「~임에 틀림없다」:의 뜻

* 특히 이번 문장에서 'is'를 안쓰고 'be'를 쓴것에 대해 특히 유의하기 바란다.

9) 이번 'have to'역시 must와 같은 의미로 '필요', '의무'를 나타내고 있다.

· have to = must

※ 한 문장 안에서 조동사는 2개를 동시에 겹쳐서 쓸 수 없으므로, 'will must'라 하지 않고, 'will have to'라 한 것이다.

문법 코너

[규칙]

▶조동사의 규칙

1) 조동사는 모든 인칭 사용에 같은 꼴로 쓰인다.

2) 조동사의 뒤에는 반드시 '원형동사'가 온다.

3) 주어가 3인칭 단수라 하더라도 조동사에는「~s, ~es」를 붙이지 않는다.

4) 조동사는 한 문장 안에서 동시에 2개를 겹쳐서 쓸 수 없다.

※ 조동사란?

조동사란 명칭 그대로 본동사를 도와주는 품사를 말한다. 이를테면, 본동사가 주연급 배우라면 조동사는 곧 조연급 배우로서 본동사가 혼자서 할 수 없는 일을 바로 그 앞에서 그 동사를 도와주는 역할을 하는것이 곧 조동사이다.

《 참고 》

◑ be able to

「~을 할 수 있다」의 뜻을 가진 'can'의 대용어

문장 형식은「be able to + 동사원형」이다.

'can'과 마찬가지 의미로 똑같이 '능력'을 나타낸다.

그리고 be동사는 여기서 '주어의 인칭', '수'에 따라 「am, is, are, was, were」등으로 바뀌어 쓰인다.

그렇다면 「~할 수 있을 것이다」라는 '미래'의 표현은 어떻게 나타낼까? 이것은 앞에서도 언급한 대로, 조동사는 한 문장 안에서 2개를 겹쳐서 쓸 수 없기 때문에, 'will can'이라 하지 않고 'will be able to'라 한것이다.

◑ have to

「~을 해야 한다」의 뜻을 가진 'must'의 대용어.

문장형식은 「have to + 동사원형」이다.

'must'와 마찬가지로 '필요,의무'와 '강한 추측'을 나타낸다. 그러나 must는 '과거형,미래형'이 없다.

* 또한 이 문항 역시 조동사는 두 개를 겹쳐 쓸 수 없으므로, 'will must'라 하지 않고 'will have to'라 한 것이다.

* 'have to'의 과거형은 'had to'이다.

Dialogue 06

▶회사 안내원에게 무언가를 묻고 있다.

A : May I have your phone number ?
메이 아이 해브 유어 포운 넘버~
전화번호를 가르쳐 줄 수 있습니까?

B : Certainly. It's 2235 - 8283.
써어~튼리 잇츠 2235-8283
그럼요. 2235-8283입니다.

A : Is the area code for Seoul 02 ?
이즈 더 에어리어 코우드 퍼~ 서울 02
서울 지역번호 02죠?

B : That's correct.
댓츠 커렉트
말씀하신 대로입니다.

A : And may I have your zip code too?
앤(드) 메이 아이 해브 유어~ 집 코우드 투-
(우편번호도 가르쳐 줄 수 있겠습니까?

B : Sure. It's 115.
슈어~ 잇츠 115
예, 115번입니다.

단 어

- phone number [fóun nʌ́mbər] 「포운넘버~」: 전화번호
- certainly [sə́:rtnly] 「써어~튼리」: 확실히, (대답으로)알았습니다. 그럼요
- area [ɛəriə] 「에어리어」: 지역, 면적
- code [koud] 「코우드」: 신호법, 암호, 법전, 규약

.CO
Information

Unit 13.

일반동사와 조동사의 의문문, 응답

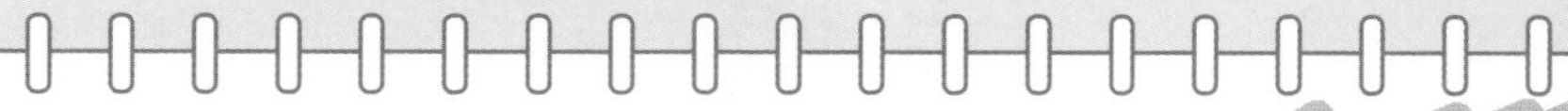

Reading Point

1) Do you know Bill ?
두- 유- 노우 빌
당신은 빌을 알고 있습니까?

Yes, I do.
예스 아이 두-
예, 알고 있습니다.

No, I don't.
노우 아이 도운트
아니오, 모릅니다.

2) Does she like pop music ?
더즈 쉬 라이크 팝 뮤직
그녀는 대중음악을 좋아합니까?

Yes, she does.
예스 쉬 더즈
예, 그렇습니다.

No, she doesn't.
노우 쉬 더즌트
아니오, 좋아하지 않습니다.

3) Does he live in LA(Los Angeles) ?
더즈 히- 리브 인 엘에이 (로스엔젤스)
그는 LA에 삽니까?

Yes, he does.
예스 히 더즈
예, 그렇습니다.

No, he doesn't.
노우 히- 더즌트
아니오, 그렇지 않습니다.

4) Does he do his homework at night?
더즈 히- 두- 히스 호움워어~크 엣 나이트
그는 밤에 숙제를 합니까?

No, he doesn't.
노우 히 더즌트
아니오, 그렇지 않습니다.

He watches TV at night.
히- 와치스 티브이 엣 나이트
그는 밤에 TV를 봅니다.

5) Can she speak English well ?
캔 쉬- 스피-크 잉글리쉬 웰
그녀는 영어를 잘 말할 수 있습니까?

Yes, she can.
예스 쉬 캔
예, 그렇습니다.

No, she can't.
노우 쉬- 캔트
아니오, 그렇지 않습니다.

6) May I go now ?
메이 아이 고우 나우
저 이제 가도 됩니까?

Yes, you may.
예스 유- 메이
예, 가도 됩니다.

No, you may not.
노우 유- 메이 낫
아니오, 안 됩니다.

7) Must you go there ?
머스트 유 고 데얼
너 그곳에 가야하니?

Yes, I must.
예스 아이 머스트
예, 가야 됩니다.

No, I need not.
노우 아이니드낫
아니오, 안가도 됩니다.

New Words

- know [nou]「노우」: 알다, 알고 있다
- do [du:]「두-」: (어떤 행위를)하다. ...(본동사, 조동사, 대동사) * don't = do not
- does [dʌz]「더즈」: 'do'의 3인칭 단수 현재형 * doesn't = does not
- like [laik]「라이크」: 좋아하다
- pop music「팝-뮤직」: 대중음악
- live [liv]「리브」: 살다, 살고 있다
- homework [hóumwə:rk]「호움워어~크」: 숙제, 예습
- night [nait]「나이트」: 밤, 밤의
- watch [watʃ]「와치」: 지켜보다
- well [wel]「웰」: 만족스럽게, 잘
- now [nau]「나우」: 지금, 방금, 당장에

Grammar
A Talk
Exercise

단원 해설

이번 13단원은 일반동사의 의문문인 'Do/Does~?'형식과 대답, 조동사의 의문문인 'Can, May, Must ~ ?'형식과 그 대답으로 이뤄졌다.

다시 말하면 'Do/Does'형식은 앞의 'have'동사에서 배웠듯이 「Do(Does)+주어+원형동사+목적어 ?」형식과 같고, 「Can, May, Must ~ ?」의 형식은 'Be동사'의문문 형식과 그 구성 순서가 같다는 점을 유념해 두기 바란다.

요점 정리

※ do(does, did)는 '조동사'로도 쓰이고 '본동사'로도 쓰이며 '대동사'로도 쓰인다.(문법코너 참조)

1) 평서문은 You know Bill. (당신은 빌을 알고 있다.)

· Yes, I do. *여기서 do는 '대동사' 긍정문.

· No, I don't. *여기서 don't.는 '대동사' 부정문.

2) 평서문은 She likes pop-music. (그녀는 대중음악을 좋아한다.)

· Yes, she does. 는 Yes, she likes pop-music.을 역시 'does'로 간단히 줄여서 대답. *여기서 does는 역시 '대동사'

· No, she doesn't. 'doesn't'는 다음에 'like pop-music'을 생략함.

3) 평서문은 He lives in LA. (그는 LA에서 살고 있다.)

· in : 비교적 넓은 장소 앞에 쓰이는 전치사로 「~에(서)」라는 뜻.

· Yes, he does.는 Yes, he lives in LA.를 줄인 긍정 대답.

· No, he doesn't.는 No, he doesn't live in LA.를 줄인 부정 대답.

4) 평서문은, He does his homework at night. 임

* 여기 의문문에서 'does'는 조동사가 아닌 '본동사'로 쓰이고 있음을 유의할 것.

· No, he doesn't. 뒤에 'do his homework at night'를 생략함.

5) 평서문은 She can speak English well.

· Yes, she can.은 Yes, she can speak English well.을 줄인 말.

· No, she can't.는 No, she can't speak English well.을 줄인 말.

6) 평서문은 I may go now.

· Yes, you may. 다음에 'go now'를 생략함.

· No, you may not. 다음에 역시 'go now'를 생략함.

*여기서 'may not'은 'must not'과 같은 뜻이긴 하지만, must not 쪽이 훨씬 더 뜻이 강하다.

7) 평서문은 You must go there.

· Yes, I must. 다음에 'go there'를 생략함.

· No, I need not. 다음에 역시 'go there'를 줄인 부정 대답.

*이런 구문에서는 'must not'란 말은 쓰지 않는다.

문법 코너

※do는「본동사, 조동사, 대동사」등 3가지 중요한 용법이 있다.

· 본동사 : 조동사의 도움을 받는 핵심동사.
본문 'Reading'중에서 4)번 Does he do his homework at night ?에서 'do'가 바로 '본동사'의 역할을 하고 있다.

· 조동사 : 본동사(일반동사)를 도와주는 동사 (do, may, can)등을 말하다.
4)번 문장에서 Does가 그에 속한다.

· 대동사 : 문장 중에서, 특히 대답 중에 반복 사용을 피하기 위해 그 '대용'으로 쓰이는 동사.
본문 중의 대답 과정에서 I do, I don't, He, (She) does, 또는 He(She) doesn't가 바로 그 '대동사'에 속한다.

Dialogue 07

▶교통수단 이용에 대한 대화

A : Does he go to school by train ?
더즈 히- 고우 투- 스쿠울 바이 트레인
그는 기차로 학교에 갑니까?

B : No, he doesn't.
노우 히- 더즌트
아니오 그렇지 않습니다.

He goes by bus.
히- 고우즈 바이 버스
그는 버스로 갑니다.

A : Do you go by bus too ?
두- 유 고 바이 버스 투-
당신도 버스로 갑니까?

B : No, I take the subway.
노우 아이 테이크 더 써브웨이
아니오, 저는 지하철을 탑니다.

단어

- go [gou] 「고우」 : 가다, 나아가다
- by [bay] 「바이」 : ~에 의하여
- bus [bʌs] 「버스」 : 버스
- take [teik] 「테이크」 : (교통수단 등을) 타다
- to [tu:] 「투-」 : ~쪽으로, ~까지
- train [trein] 「트레인」 : 기차, 열차
- too [tu:] 「투-」 : 또한, 게다가
- subway [sʌ́bwei] 「써브웨이」 : 지하철

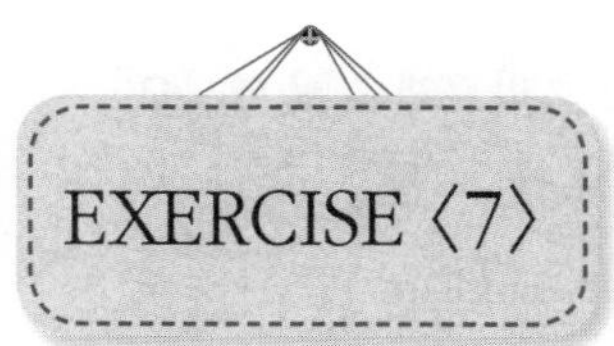

EXERCISE 〈7〉

1) 문장이 되도록 ( )안의 동사를 알맞은 단어로 바꿔 쓰시오.

① Mary ________ to school at seven. (go)

② He __________ Japanese hard. (study)

③ She must _________ a Chinese. (is)

④ My father ___________ in the room. (be)

⑤ He can't _________ happy. (is)

2) 다음의 두 문장이 같은 뜻이 되도록 ______에 알맞은 낱말을 써 넣으시오.

① Ann can play the piano.

Ann is ________ _________ play the piano.

② You must study hard.

You ______ _______ study hard.

③ You need not go there.

You _____ not _________ to go there.

④ He is able to swim well.

He ________ swim well.

⑤ You must start now.

You _______ ________ start now.

3) **다음 문장에서 밑줄 친 곳을 바르게 고쳐 쓰시오.**

① Mike do not knows Mary.

② They does not speaks English.

③ He well must goes there.

④ Do he likes milk ?

⑤ Can she plays an violin ?

4) **다음의 우리말을 영어로 바꿔 쓰시오.**

① 그들은 아주 빨리 달립니다.

→ ________________________________

② 그녀는 빨리 수영을 할 수 없습니다.

→ ________________________________

③ 미라는 영어를 잘 할 수 있습니다.

→ ________________________________

④ 그는 행복해 보입니다.

→ ________________________________

⑤ 제인은 내일 돌아오지 않을지도 모릅니다.

→ ________________________________

⑥ 메리는 9시에 학교에 갑니까?

→ ________________________________

아니오, 그렇지 않습니다. 8시에 갑니다.

→ ________________________________

⑦ 당신은 거기에 꼭 가야합니까?

→ ________________________________

아니오, 갈 필요가 없습니다.

→ ______________________________

5) **다음의 영문을 우리말로 바꿔쓰시오.**

① You do not know him.

→ ______________________________

② She will have to start tonight.

→ ______________________________

③ You must do the work at once.* at once : 즉시

→ ______________________________

④ May I help you ?

No, you may not.

→ ______________ ________________

⑤ Do you watch TV at night ?

→ ______________________________

No, I don't. I watch TV in the afternoon.

→ ______________ ________________

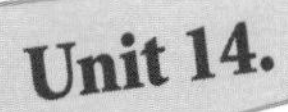

What, Where, How 등의 의문사

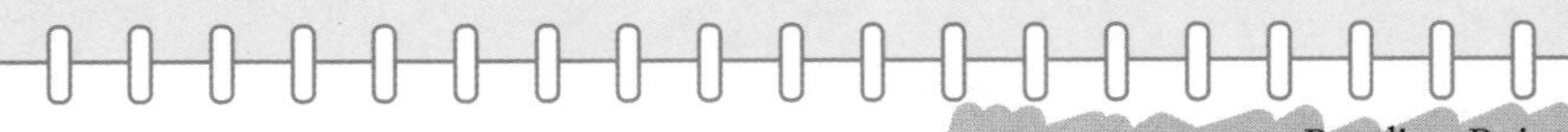

Reading Point

1) What is this ?
황(왓) 이즈 디스
이것은 무엇입니까 ?

It's a glove.
잇츠 어 글러브
그것은 장갑입니다.

2) What are you ?
홧(왓) 아~ 유-
당신은 무엇을 하는 사람입니까 ?

I'm a doctor.
아임 어 닥터~
저는 의사입니다.

3) What book is that ?
홧(왓) 북 이즈 댓
저것은 무슨 책입니까 ?

It's an English book.
잇츠 언 잉글리쉬 북
그것은 영어책입니다.

4) What do you have ?
홧(왓) 두- 유- 해브
당신은 무엇을 가지고 있습니까 ?

I have a doll.
아이 해브 어 달
나는 인형을 가지고 있습니다.

5) Where is the bird ?
훼(웨)어~ 이즈 더 버~드
새는 어디에 있습니까 ?

It is on the roof.
잇 이즈 온 더 루-프
지붕 위에 있습니다.

6) How old are you ?

하우 오울드 아~ 유-

당신은 나이가 몇입니까 ?

I'm eighteen years old.

아임 에이틴 이어~스 올드

18세입니다.

7) How many books do you have ?

하우 메니 북스 두- 유- 해브

당신은 얼마나 많은 책을 가지고 있습니까 ?

I have ninety books.

아이 해브 나인티 북스

저는 90권의 책을 가지고 있습니다.

New Words

- What [hwat] 「홧」 : 무엇이, 무엇을, 어떤 것
  * 미국에서는 [hwat], 영국에서는 [wat]이라고 발음한다.
- glove [glʌv] 「글러브」 : 글러브, 장갑
- doctor [dáktər] 「닥터~」 : 의사, 박사
- doll [dal] 「달」 : 인형
- bird [bə:rd] 「버어~드」 : 새
- roof [ru:f] 「루-프」 : 지붕
- old [ould] 「오울드」 : 나이먹은, 늙은
- eighteen [éiti:n] 「에이티인」 : 18(개, 명)의, 18
- year [jiər] 「이어~」 : 해, 년, 세(살)* years 는 복수형
- how [hau] 「하우」 : 얼마나, 어떻게, 어느정도
- ninety [nainti] 「나인티」 : 90의, 90개(사람,세)의, 90

단원 해설

여러분은 앞의 단원에서 「be동사+주어+보어?」 형식의 의문문을 배웠다.

이를테면, This is a glove.(이것은 글러브입니다)를 의문문으로 바꾸면 Is this a glove? (이것은 글러브입니까?)라는 의문문이 된다는 걸 여러분은 이미 알고 있을 것이다. 그런데 만일, 'a glove' 인지 뭔지 모르는 경우라면 그 'a glove'대신에 'what'을 썼을 경우, 과연 그렇다면 'Is this what?'라는 문장이 성립될 수 있을까?

아니, 그건 천만의 말씀이다. 말하자면 그건 전혀 문장이 안 된다. 왜냐하면, '의문사'가 들어있는 '의문문'에서는 반드시 그 '의문사'를 글 첫머리에 두어야 하기 때문이다.

그러니까 Is this what ? 이 아니고 'What is this ?'가 되는 것이다.

그에 대해 여러분의 이해를 돕기 위해 다시 본 단원 4)번의 '예'를 들어보겠다

You have a book. 을 의문문으로 하면,

Do you have a book ?가 된다.

그렇지만 만약 처음부터 'a book'인지 무엇인지를 모르고 'what'를 사용했다고 가정하면, 앞의 'What is this ?'처럼 'what'을맨 앞에 두어서 결국 'What do you have?'가 되는 것이다.

Is this a glove ?(이것은 글러브입니까?)
What is this ?(이것은 무엇입니까?)

Do you have a glove ? (당신은 글러브를 가지고 있습니까?)
What do you have ? (당신은 무엇을 가지고 있습니까?)

요점 정리

1) 이번 문항에 대해서는 위의 '단원해설'난을 참조하기 가람.

· what은 「무엇이,무엇을」이라는 뜻을 가진 의문사(의문대명사)로, '주어', '보어', '목적어'로

쓰인다.

여기서는 '보어'로 쓰이고 있다.

* 구어체에서는 What is → What's

2) 위의 1)번 문항과 같은 형식의 문장

What은 여기서 또한 '보어'로 쓰이고 있으며, 사람의 신분, 즉 무엇을 하는 사람인지를 묻고 있다.

* 'what is + 사람'은 직업, 지위를 묻는 문장.

3) what이 이번 문항에서는 'book'라는 명사 앞에 놓여져 '무슨 책'이라는 형용사적 용법으로 쓰이고 있다.

〈보기〉

· what book : 무슨 책 · what bird : 무슨 새

4) 이번 문항에 대해서는 앞의 단원해설난을 참조하기 바람.

* 이 문장에서 'what'은 앞의 1),2)번과는 달리 「무엇을」이라는 뜻으로, '목적어'로 쓰이고 있다.

5) where 역시 '의문사'이기 때문에 문장 첫머리에 두었다.

· 여기서 'is'는 「~이다」가 아닌, 「~있다」의 뜻이다.

be동사(am, is are)는 본래 「~이다」,「~있다」의 두가지 '상태'의 뜻으로 사용된다는 점을 유념해 두기 바란다.

· where : 「어디에, 어디서, 어디로」의 뜻을 가진 의문부사

· the bird : 그 새

the는 앞에서도 설명했듯이, 이미 알고 있는 사람이나 사물 앞에 놓여져 「그, 이, 저」라는 의미로 쓰인다.

· on the roof : 저 지붕 위에

6) 나이를 물을 때 일반적으로 잘 사용하는 말

* How old~ ? How tall ~ ? How many ~ ? 등과 같이 「How + 형용사(부사) ~ ?」형식은 '나이', '키', '수.양'등을 물을 때 많이 사용한다.

7) How many ~ ? 형식은 앞의 4)번 문항인 'What do you have?'와 같은 형식의 문장이다.

즉, 긍정문인 You have ninety books. 를 의문문으로 바꾸면, Do you have ninety books ? 가 된다. 하지만 만일 처음부터 책 숫자가 얼마인지를 몰라서 'How many'를 사용했다고 가정하면, 의문사인 How는 물론 그에 딸린 many books까지 함께 맨 앞으로 나가야 하므로, 결국 'How many book do you have?'가 되는 것이다.

* How many : 「몇 개의, 몇 권의, 얼마나 많은...」의 뜻.

문법 코너

[규칙]

▶ 의문사 (what, where, how, who, when...)는 반드시 의문문의 맨 첫머리에 두어야 한다.

의문사란 명칭 그대로 의문문을 만드는 '의문대명사', '의문형용사', '의문부사'를 통틀어 말한다. 의문사로 시작하는 의문문은 대개 궁금한 점을 꼬집어서 묻기 때문에, Yes나 No로 대답할 수 없고 그 묻는것에 대해서 대답해야 한다.

※의문사의 종류

(1) 의문대명사

what, who, which 등 : '주격', '소유격', '목적격'등이 있다.

* what은 「무엇이, 무엇을」의 뜻으로 주어, 보어, 목적어로 쓰인다. 또한 what이 사람에게 쓰일 때에는 '직업'이나 '신분'등을 묻는다.

* who, whose, which 등에 대해서는 다음 15,16단원을 참조 바람.

(2) 의문형용사

의문대명사 뒤에 명사가 오면 그 의문사는 '의문형용사'로 바뀐다.

본 Reading Point 4)번을 참조하기 바람.

(3) 의문부사

where, how, when, why : '때', '장소', '이유', '방법'등을 물을 때 쓴다.

* when, why 등에 대해서는 16단원을 참조하기 바람

((참고))

◑ 영어에서 기수(基數)란 ? ... (1~20)

- one[wʌn] 「원」 : 1
- two[tu:] 「투-」 : 2
- three[θri:] 「쓰리」 : 3
- four[fɔər] 「포어~」 : 4
- five[faiv] 「파이브」 : 5
- six[siks] 「씩스」 : 6
- seven[sévn] 「쎄븐」 : 7
- eight[eit] 「에잇」 : 8
- nine[nain] 「나인」 : 9
- ten[ten] 「텐」 : 10
- eleven[ilévn] 「일레븐」 : 11
- twelve[twelv] 「트웰브」 : 12
- thirteen[θəːrtíːn] 「써어~티인: 13
- fourteen[fɔːrtíːn] 「포오~티인」 : 14
- fifteen[fifti:n] 「피프티인」 : 15
- sixteen[siksti:n] 「식스티인」 : 16
- seventeen[sevnti:n] 「쎄븐티인」 : 17
- eighteen[eiti:n] 「에이티인」 : 18
- nineteen[nainti:n] 「나인티인」 : 19
- twenty[twénti] 「트웬티」 : 20

* twenty 이상의 숫자는 twenty-one, twenty-two와 같이 '하이펀' 기호를 넣으면 된다.

* 30~100 기수(基數)

- thirty [θə́ːrti] 「써어~티」 : 30
- forty [fɔ́ːrti] 「포오~티」 : 40
- fifty[fífti] 「피프티」 : 50
- sixty[siksti] 「씩스티」 : 60
- seventy[sévnti] 「쎄븐티」 : 70
- eighty[éiti] 「에이티」 : 80
- ninety[náinti] 「나인티」 : 90
- hundred[hʌ́ndred] 「헌드레드」 : 100

▶한국에 온 한 외국 대학생과의 대화

A : What brought you to Korea ?
홧(왓) 브로-트 유- 투- 코리아
무슨 일로 한국에 오셨습니까?

B : What do you mean ?
홧(왓) 두- 유- 미인
무슨 의미입니까?

A : I mean what are you doing here ?
아이 미인 홧(왓) 어~ 유- 두잉 히어~
다시 말해서 한국에서 무엇을 하고 있습니까?

B : Well, I'm studying Korean 'Samulnori'.
웰 아임 스터딩 코리안 사물놀이
저, 한국의 사물놀이를 배우고 있습니다.

A : Oh, that's very nice !
오우 댓츠 베리 나이스
오, 그거 아주 멋지군요!

단 어

- brought [brɔːt] 「브로-트」 : bring (가져오다, 초래하다)의 과거, 과거분사
- mean [miːn] 「미인」 : 의미하다 ~의 뜻으로 말하다
- doing [dúːiŋ] 「뚜잉」 : (행위를)하는 중, 수행중(do의 현재분사)
- here [hiər] 「히어~」 : 여기에(서)
- well [wel] 「웰」 : 만족스럽게, 잘, 그런데, 저..(말문이 막힐 때)
- studying [stʌ́diŋ] 「스터딩」 : study(공부하다)의 현재분사, 공부하는 중
- very [véri] 「베리」 : 대단히, 아주, 무척
- nice [nais] 「나이스」 : 좋은, 훌륭한, 멋진

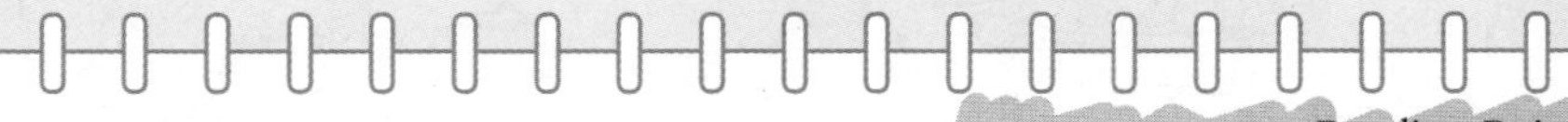

Reading Point

1) What time is it now ?
홧(왓) 타임 이즈 잇 나우
지금 몇 시입니까 ?

It's eight(o'clock).
잇츠 에이트
8시입니다.

2) What day is it today ?
홧(왓) 데이 이즈 잇 터데이
오늘은 무슨 요일입니까?

It's Monday.
잇츠 먼디
월요일입니다.

3) Who are you ?
후- 아~ 유-
당신은 누구입니까?

I'm Mary.
아임 메리
메리입니다.

4) Who is that lady ?
후- 이즈 댓 레이디
저 숙녀는 누구입니까?

She's Min-ho's sister.
쉬즈 민호즈 씨스터~
민호의 누이입니다.

5) Who helps Mi-ra ?
후- 헬프스 미라
누가 미라를 돕습니까?

Tae-soo does.
태수 더즈
태수입니다.

6) Who do you like ?
후- 두- 유- 라이크
당신은 누구를 좋아합니까?

I like my mother.
아이 라이크 마이 머더~
나의 어머니입니다.

7) Whose books are these ? They're Bill's books.

후-즈 북스 아~ 디-즈 데이 아~ 빌즈 북

이것들은 누구의 책입니까? 빌의 책들입니다.

8) Whose is this ? It's Ann's.

후-즈 이즈 디스 잇츠 앤즈

이것은 누구의 것입니까? 앤의 것입니다.

New Words

- time [taim] 「타임」 : 시간, 때, 시각
- day [dei] 「데이」 : 낮, 하루, 날
- today [tədei] 「터데이」 : 오늘, 현재(에는)
- Monday [mʌ́ndei] 「먼디」 : 월요일
- lady [léidi] 「레이디」 : 숙녀, 레이디, 여자, 여성
- help [help] 「헬프」 : 돕다, 거들다
- like [laik] 「라이크」 : 좋아하다 *「~와같은」의미와 혼동하지 말 것.
- mother [mʌ́ðər] 「머더~」 : 어머니

* they're : they are 의 단축형

- whose [hú:z] 「후-즈」 : 누구의 ..(who, which의 소유격)

Grammar

A Talk

Exercise

단원 해설

이번 단원 역시 의문사인 what, who, whose로 시작되는 의문문 형태의 문장들이다.

1), 2)번은 what이 의문형용사의 용법으로 쓰였고, 3), 6)번까지는 의문대명사인 who~?의 형식이며, 7), 8)번까지는 who의 소유격인 whose의 문장 형태이다.

요점 정리

1) what time : 몇시 ...(여기서 what은 형용사적 용법으로 쓰임.)

* '시간', '요일'등을 물을 때는 (it)을 주어로 쓰지만, (it)는 여기서 '비인칭주어'로 해석은 하지 않는다.

* o'clock는 보통 생략함.

2) what day : 무슨 요일 .. (여기서도 what이 형용사적 용법으로 쓰임.)

· It's Monday : 월요일입니다. ... (it's를 생략해도 됨.)

* 요일, 달(月)등은 언제나 첫머리 글자를 대문자로 시작한다.

* 「오늘은 며칠입니까?」라고 물을 때에는 'What's the date today?'라고 표현한다.

3) who는 앞의 설명에서 언급한 대로 「누구」라는 뜻의 '보어'로, 주어인 you를 보충설명해 주고 있다.

* 「Who is(are) + 사람 ? 」형식은 '인명'이나 '가족관계'를 물을 때 사용한다.

4) 위의 3)번과 같은 형식의 문장

· that lady : 저 숙녀 ...(여기서 that은 지시형용사)

· Min-ho's sister : 민호의 누나(누이)

* 소유격은 사람이나 동물의 단어 끝에 「's」를 붙인다는 걸 유의하기바란다.

5) Who 가 여기서 위의 3)번과 달리 「누가」라는 뜻의 '주어'로 쓰이고 있음을 유의하기 바란다. 이를테면, Who helps Mi-ra ?를 평서문인 Tae-soo helps Mi-ra.로 바꾸어 이를 생각해본다면 쉽게 이해가 가리라 본다.

즉, 처음부터 Tae-soo인지 누구인지를 몰라서 그 대신 'who'를 쓰는 것이기 때문에, Who helps Mi-ra ?가 된 것이다.

· Tae-soo does. 는 Tae-soo helps Mi-ra.를 줄인말.

6) 이 문항에서 who는 「누구를」이라는 뜻으로, '목적어'로 쓰이고 있다.

* 문법상은 who의 목적격인 'whom'을 써야 하지만, 현대 영어에서는 'who'를 쓰는 경향이 많다.

7) who의 소유격인 whose 는「누구의」라는 뜻으로, 그 뒤에는 반드시 '명사'가 온다.

· the're = they are의 단축형.

· whose books : 누구의 책들

8) 여기서 whose는「누구의 것」이라는 뜻의 '소유대명사'

* whose뒤에 명사 없이 혼자 올 때에는「누구의 것」이라는 의미로 쓰인다.

· Ann's : 앤의 것   Ann's처럼 '소유대명사'로 쓰일 때는「~의 것」이라는 의미가 된다.

문법 코너

[규칙]

▶ 의문사로 시작하는 의문문은 그 문장의 끝을 내려 발음하며, 그 대답 역시 끝을 내려 발음한다.

〈보기〉

Who are you.

I'm Mira.

((참고))

※ who와 what의 다른점

· who :「Who is(are) + 사람 ?」은 '이름'이나 '가족관계'를 물을 때 사용된다.

〈보기〉 Who is he ? (그는 누구입니까 ?)

He's Roy, my uncle. (그는 나의 아저씨인 로이입니다.)

· what :「What is(are) + 사람 ?」은 '직업'이나 '직위'를 묻는 내용에 쓰인다.

〈보기〉 What is he ? (그는 직업이 무엇입니까 ?)

He's a teacher. (그는 선생님입니다.)

▶ 여행중에, 목적지에 도착하다.

A : Here we are.
히어~ 위 아~
자. 도착했어.

B : Already ?
올레디
벌써?

A : Yes. This is the Chinese Inn we're staying at.
예스 디스 이즈 더 차이니-즈 인 위아~ 스테잉 엣
그래, 이곳이 우리들이 묵을 중국의 여관이야.

B : What a beautiful garden !
　　확(왓) 어　비유-티펄　　까~든
　정원이 정말 멋진데!

A : I'm sure you'll like it.
　　아임 쉬어~　　율　　라익 잇
　틀림없이 마음에 들 거야.

B : I bet I will.
　　아이 벳 아이 윌
　정말 그럴 거라고 생각해.

단어

- Here we are : 드디어 목적지에 도착했을 때 쓰는 관용어구 (=This is it.)
- Already [ɔ:lrédi] 「오올레디」 : 이미, 벌써
- inn [in] 「인」 : 여관, 여인숙
- staying [steiŋ] 「스테잉」 : stay(머무르다)의 현재분사
- beautiful [bjú:tifəl] 「비유-티펄」 : 아름다운
- garden [gáərdn] 「가아~든」 : 정원, 뜰
- sure [ʃuər] 「슈어~」 : 확신하는, 틀림없는
- you'll : you will 의 단축형
- bet [bet] 「베트」 : 단언하다, (돈 등을) 걸다

Unit 16.

Which, Why, When 의 의문사

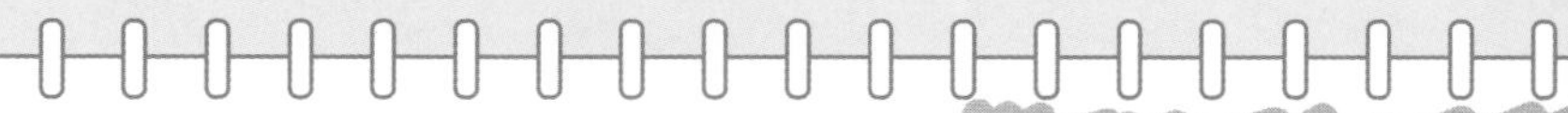

Reading Point

1) Which is Jane's ?
휘치 이즈 제인즈
어느 것이 제인의 것입니까?

This is Jane's.
디스 이즈 제인즈
이것이 제인의 것입니다.

2) Which is faster, a bus or a train ?
휘치 이즈 패스터~ 어 버스 오어~ 트레인
버스와 기차 중에서 어느 쪽이 더 빠릅니까?

A train is faster.
어 트레인 이즈 패스터~
기차가 더 빠릅니다.

3) Which do you like better, spring or fall ?
휘치 두- 유- 라이크 베터~ 스프링 오어~ 포올
당신은 봄과 가을 중에서 어느 쪽을 더 좋아합니까?

I like spring better.
아이 라이크 스프링 베터~
나는 봄을 더 좋아합니다.

4) Which flower do you like best ?
휘치 플라우어~ 두- 유- 라이크 베스트
당신은 어떤 꽃을 가장 좋아합니까?

I like roses best.
아이 라이크 로우즈 베스트
나는 장미꽃을 가장 좋아합니다.

5) Why are they poor ?
화이 아~ 데이 푸어~
그들은 왜 가난합니까?

Because they are idle.
비코오즈 데이 아~ 아이들
게으르기 때문입니다.

6) When is your birthday ?
휀 이즈 유어~ 버스데이
당신의 생일은 언제입니까?

It's August 10th.
잇츠 오-거스트 텐스
8월10일입니다.

Grammar

A Talk

Exercise

단원 해설

이번 단원도 앞의 14,15단원과 마찬가지로 의문사로 시작하는 의문문 형식의 문장이다.

이번 단원은 1)~4)번까지는 의문대명사인 which, 5)번은 의문부사인 why, 그리고 6)번 또한 의문부사인 when으로 시작하는 의문문이다.

* which 는 '동물'이나 '사물'을 표현하는데 쓰이며, 「어느 것이」, 「어느 것을」이라는 뜻으로 '주어'나 '목적어'로 쓰인다.

* why (왜, 어째서), when (언제)은 의문부사로 '이유'나 '때'등을 물을 때 사용된다.

요점 정리

1) 여기서 which는 「어느 것」라는 뜻으로, '주어'로 쓰임.

· Jane's : 제인의 것

* 답변을 그냥 This is. 라고 해도 됨.

2) 이번 문항 또한 which가 '주어'로 쓰임.

· faster : fast(빠른)의 비교급으로, 「보다(더) 빠른」의 뜻

* 비교급이란 둘을 비교하여 「~보다(더)」라는 뜻을 나타내고 싶을 때 쓰는 문장형식 ..(자세한 것은 '문법코너'참조)

· a bus or a train : 버스와 기차 중에서

* 여기서 'or'는 「~과 ~중에서」의 뜻으로 해석함.

☆ 「which is + 비교급, A or B?」 : 어느 쪽이 더 ~한가?」라는 뜻.

New Words

- which [hwitʃ] 「휘치」 : 어느 쪽, 어느것
- faster [fǽstər] 「패스터~」 : ~보다 빠른, fast(빠른)의 비교급
- like [laik] 「라이크」 : 좋아하다
- better [bétər] 「베터~」 : ~보다 나은, 더 좋은
- spring [spriŋ] 「스프링」 : 봄, 뛰어오르다, 도약
- or [ɔ́ər] 「오어~」 : (긍정, 의문문에서) 또는, 혹은
- fall [fɔ:l] 「포올」 : 떨어지다, 가을
- flower [fláuər]「플라우어~」: 꽃
- best [best] 「베스트」 : 가장 좋은, 최고의
- rose [rouz] 「로우즈」 : 장미, 장미꽃의
- why [hwai] 「화이」: 왜, 어째서
- poor [puər] 「푸어~」 : 가난한, 남루한, 불쌍한
- because [bikɔ́:z] 「비코오즈」 : 왜냐하면, ~ 때문에
- idle [aidl] 「아이들」 : 한가한, 게으른, 빈둥거리며 놀다
- when [hwén]▯ 「휀」 \ 언제, ~할 때에
- birthday [bɔ́:rθdèi]: 생일
- August [ɔ́gəst] 「오-거스트」 : 8월
- 10th [tenθ] 「텐스」 : 10일
  *'th'는 4이상의 '서수'에 붙인다.

3) 여기서 which 는「어느것을」이라는 의미로, '목적어'로 쓰임.

· spring or fall : 봄과 가을 중에서

· better (더욱, 한층)의 비교급 ... (불규칙 변화)

여기서는 '부사'로써 like(동사)를 수식하고 있다.

4) 여기서 which 는 '의문형용사'로 쓰임.

· which flower :「어느 꽃」

* which(의문대명사) 다음에 '명사'가 오면 '의문형용사'가 된다.

· best : good(좋은)의 최상급 ... (불규칙 변화)

5) 여기서 why는「왜, 어째서」의 뜻이며, '이유'를 물을 때 쓰인다.

* 여기서 여러분의 이해를 돕기 위해 질문과 응답으로 된 본 문장을 접속사 because 하나로 묶어 설명하겠다.

They are poor because they are idle.

(그들은 게으르기 때문에 가난합니다.)

이것을 의문문으로 바꾸면,

Are they poor(because they are idle?) 가 된다.

여기에서 'because they are idle (그들은 게으르기 때문에)' 때문인지 아니면 또 다른 이유 때문인지를 몰라서 그 대신 why를 쓴 것이라면, why가 의문사이기 때문에 문장 맨 앞에 두고 그 다음에 남은 'are they poor?'를 바로 그 뒤에 이어주면, Why are they poor ?가 되는 것이다.

6) when은「언제」라는 뜻이며 '때'를 나타낼 때 쓰인다.

* 여기서 it은 '비인칭주어'로 날씨, 요일, 거리 등을 나타낼 때 '주어'로 쓰인다. 그러나 형식상의 주어이기 때문에「그것」이란 해석은 하지 않는다.

· August 10th : 8월 10일

여기서 '10th'란 숫자상의 '서수'를 표현하는 단위로, the tenth를 줄인말 ..(자세한 것은 '문법코너'(참고)사항을 참조하기 바람.)

문법 코너

◐ 비교급 (비교 변화)이란?

우리 인간은 원래 비교하는 것을 좋아한다. 이를테면, 「더 좋다」, 「더 키가 크다」, 「더 예쁘다」등 등 우리말에서는 「더(보다)」라는 말만 덧붙이면 그 비교의 의미를 잘 나태낼 수가 있다.

그런데, 영어에서는 그렇지가 않다. 즉, '형용사'와 '부사'를 이용해서 〈원급 - 비교급 - 최상급〉 형식의 비교 변화를 써서 이를 나타낼 수 있다.

〈보기〉

tall(키가 큰) - taller(더 키가 큰) - tallest (가장 키가 큰)

원급 비교급 최상급

1〉 원급

원급이란 형용사, 부사의 기본형을 말한다. 즉, 다른 것과 비교할 필요가 없을 때, 또는 둘을 비교하여 「~와(과)같은 정도로」라는 뜻을 나타내고 싶을 때 사용한다.

〈보기〉

He is tall. (그는 키가 크다.)

He is as tall as Bill. (그는 빌 만큼 키가 크다)

* 'as + 원급 + as' = 「~와(과) 같은 정도로, ~만큼」의 뜻.

2〉 비교급

비교급이란 둘을 비교하여 「~보다」라는 뜻으로 나타내고 싶을 때 사용한다.

〈보기〉

He is taller than Bill. (그는 빌 보다 키가 크다.)

* 비교급 + than ' = 「~보다, ~에 비하여」

3〉최상급

최상급이란 셋 이상의 것을 비교하여, 「~중에서 가장」이라는 뜻으로 나타내고 싶을 때 사용한다.

〈보기〉

He is the tallest of us all. (그는 우리들 중에서 가장 키가 크다.)

* 'the + 최상급 + of(in)' = 「~중에서 가장」

* of us all : 우리 모두 중에서

◑ 비교급, 최상급은 어떻게 만드는가 ?

비교급은 '원급'에 「~(e)r」를 붙이면 되고, 최상급은 '원급'에 「~(e)st」를 붙이면 된다. 단, '자음+y'로 끝나는 말은 'y'를 'i'로 고친 후 「~(e)r」,「~(e)st」를 붙인다.

〈보기〉

happy (행복한) - happier (더 행복한) - happiest (가장 행복한)

원급 비교급 최상급

그리고 '단모음 + 자음'으로 끝나는 말은 어미의 자음을 한번 더 더해서 「~(e)r」,「~(e)st」를 붙인다.

끝으로, 단어 끝이 「~ful」,「~able」,「~less」,「~ive」등으로 끝나는 2음절, 3음절의 긴 단어들은 원급 앞에 more, most를 붙여 '비교급', '최상급'을 만든다.

※ 불규칙적으로 변하는 말

원급	비교급	최상급
good(좋은), well(건강한)	better	best
many(많은), much(많은)	more	most
bad(나쁜), ill(나쁜, 아픈)	worse	worst
little(적은)	less	least

※ 1년 12달의 영어명칭

달(月) 명칭도 요일과 마찬가지로 첫글자를 대문자로 시작한다.

· 1월 : January [dʒǽnjuèri]「재뉴어리」... Jan.(약자)

· 2월 : February [fébruèri]「페브루어리」... Feb. (〃)

· 3월 : March [má:rtʃ]「마아~취」... Mar.(〃)

· 4월 : April [éiprəl]「에이프릴」... Apr. (〃)

· 5월 : May [méi]「메이」

· 6월 : June [dʒú:n]「주운」

· 7월 : July [dʒu:lái]「줄라이」

· 8월 : August [ɔ́:gəst]「오-거스트」... Aug.(약자)

· 9월 : September [septémbər]「셉템버~」: Sept. (〃)

· 10월 : October [ɑktóubər]「옥토우버~」: Oct. (〃)

· 11월 : November [nouvémbər]「노벰버~」: Nov. (〃)

· 12월 : December [disémbər]「디쎔버~」: Dec. (〃)

※서수(序數)

서수란「첫째, 둘째, 셋째, 넷째...」, 그리고「제1, 제2, 제3, 제4」등 순서를 나타내는 '수'를 말한다.

· 제1 : 1st. = the first [fə:rst]「더 퍼어~스트」

· 제2 : 2nd. = the second [sékənd]「더 쎄컨드」

· 제3 : 3rd. = the third [θə:rd]「더 써~드」

· 제4 : 4th. = the fourth [fɔ:rθ]「더 포오~스」

· 제5 : 5th. = the fiith [fífθ]「더 피프스」

· 제6 : 6th. = the sixth [siksθ]「더 씩스스」

· 제7 : 7th. = the seventh [sévənθ]「더 쎄븐스」

· 제8 : 8th. = the eighth [eitθ]「디 에잇스」

· 제9 : 9th. = the ninth [nainθ]「더 나인스」

· 제10 : 10th. = the tenth [tenθ] 「더 텐스」

· 제11 : 11th. = the eleventh [ilévənθ] 「디 일레븐스」

· 제12 : 12th. – the twelfth [twelfθ] 「더 퉬브스」

· 제13 : 13th. = the thirteenth [θə́:rtí:nθ] 「서어~틴스」

:

· 제20 : 20th. = the twentieth [twéntəθ] 「더 퉨티에스」

· 제30 : 30th. = the thirtieth [θə́:rtəθ] 「더 써어~티에스」

:

· 제100 : 100th. = the hundredth [hʌ́ndrədθ] 「더 헌드레드스」

※ 월, 일 (月,日)을 다음과 같이 간단히 표현 할 수 있다.

〈보기〉

· 1월 1일 : Jan. 1st.

· 3월 3일 : Mar. 3rd.

· 9월 4일 : Sept. 4th.

· 12월 9일 : Dec. 9th.

※ 년, 월, 일 (年, 月, 日)을 함께 쓸 경우

· 1987년 2월 7일 : Feb. 7, 1987

· 1993년 11월 8일 : Nov. 8, 1993

· 2007년 7월 10일 : July. 10, 2007

Dialogue 10

▶친구와 함께 산책을 하다.

A : Shall we walk ?
셜 위 워-크
우리 걸을까?

B : Sure. Why not ?
슈얼 화이 낫
좋아, 그렇게 하자.

It's such a beautiful day.
잇츠 써취 어 비유티펄 데이
이렇게 날씨도 좋은데...

※ Why not?
「물론(좋아요) 그렇게 합시다」라고, 상대방의 제안을 받아 들일 때 쓰는 표현입니다.
철자 그대로의 의미는, 「왜 안 됩니까?」라고 묻고있습니다. 즉, 「~해도 좋지 않습니까?」라는 기분이 나타나 있는 표현입니다.
물론 「왜 안 됩니까?」라고 이유를 물을 때에도 사용합니다. 그런 경우에는 약간 상대방에서 항의를 하는 듯한 뉘앙스를 풍깁니다.

A : O.K. Let's go.
오우케이 렛츠 고우
좋아. 가자!

B : John, you walk too fast.
존 유- 워-크 투- 패스트
존, 걷는 게 너무 빠르구나.

Please go a little slower.
플리이즈 고우어 리틀 슬로워~
좀 천천히 걸으면 안 될까 ?

A : But we have to. Otherwise we'll be late.
벗 위 해브 투- 어더~와이즈 윌 비 레이트
하지만 빨리 걸어야만 해. 그렇지 않으면 늦을 거야.

B : I'm almost jogging.
아임 오올모우스트 조깅
나는 조깅하는 느낌이야.

단어

- shall [ʃəl] 「셜」: (단순밀) 「~일(할)것이다, (의지미래로 「~하여주겠다」
- walk [wɔːk] 「워-크」: 걷다

* why not ? : 「좋아요, 그렇게 합시다」의 관용어구. 「~해도 좋지 않습니까 ?」「왜 안됩니까?」라는 의미로도 쓰임.

* Let's = Let us 의 단축형

- too [tu:] 「투-」: 「~도 또한, 게다가」, 여기서는 「너무」의 뜻으로쓰임
- please [pli:z] 「플리이즈」: 기쁘게하다, 미안하지만... 부탁할 때
- slower [slowər] 「슬로워~」: slow(늦은, 느린)의 비교급
- otherwise [ʌðərrwaiz] 「어더~와이즈」: 만약 그렇지 않으면
- late [leit] 「레이드」: 늦은, 지각한, 늦게
- almost [ɔ́:lmoust] 「오올모우스트」: 거의, 대부분

EXERCISE 〈8〉

1) 다음은 의문사의 의문문에 대한 답변이다. (　　　)안에 알맞은 의문사를 써 넣으시오.

(1) (　　　　) is this ?

It's an album.

(2) (　　　　) is he ?

He's my brother.

(3) (　　　　) is that gentleman ?

He's a doctor.

(4) (　　　　) studies hard ?

Mary studies hard.

(5) (　　　　) book is that ?

It's an English book.

(6) (　　　　) house is this ?

It's Roy's house.

(7) (　　　　) is your birthday ?

It's Jan. 12th.

(8) (   ) do you want, a bicycle or a car ?

I want a car.

(9) (   ) is this piano ?

It's Mi-ra's.

(10) (   ) tall is jack ?

He's 155 centimeters tall.

2) 다음 ______에 알맞은 단어를 넣어 문장을 완성하시오.

(1) ________ ________ is it now ?

It's nine (o'clock).

(2) ________ ________ is it today ?

It's Sunday.

(3) _______ _____ money do you have ?

I have 50,000 won.

(4) _______ _____ the cat ?

It's under the table.

(5) _______ _____ is Ann ?

She's 159 centimeters tall.

3) 1년은 12달입니다. 그 12달의 이름을 다음 (　　　)안에 써 넣으시오.

(1) 1월 : (　　　　)　　(2) 2월 : (　　　　)

(3) 3월 : (　　　　)　　(4) 4월 : (　　　　)

(5) 5월 : (　　　　)　　(6) 6월 : (　　　　)

(7) 7월 : (　　　　)　　(8) 8월 : (　　　　)

(9) 9월 : (　　　　)　　(10) 10월 : (　　　　)

(11) 11월 : (　　　　)　　(12) 12월 : (　　　　)

4) 1 ~ 20까지의 '수' 를 ______에 '기수'와 '서수' 별로 각각 써 넣으시오.

▶ 기수 (基數)

(1) 1. ____________　　(2) 2. ____________

(3) 3. ____________　　(4) 4. ____________

(5) 5. ____________　　(6) 6. ____________

(7) 7. ____________　　(8) 8. ____________

(9) 9. ____________　　(10) 10. ____________

(11) 11. ____________　　(12) 12. ____________

(13) 13. ____________　　(14) 14. ____________

(15) 15. ____________　　(16) 16. ____________

(17) 17. ____________　　(18) 18. ____________

(19) 19. ____________　　(20) 20. ____________

▶ 서수 (序數)

(1) 제1 : __________ = ____________　　(2) 제2 : __________ = __________

(3) 제3 :________ = __________ (4) 제4 : ________ = ________

(5) 제5 :________ = __________ (6) 제6 : ________ = ________

(7) 제7 :________ = __________ (8) 제8 : ________ = ________

(9) 제9 :________ = __________ (10) 제10: ________ = ________

(11) 제11:________ = __________ (12) 제12: ________ = ________

(13) 제13:________ = __________ (14) 제14: ________ = ________

(15) 제15:________ = __________ (16) 제16: ________ = ________

(17) 제17:________ = __________ (18) 제18: ________ = ________

(19) 제19:________ = __________ (20) 제20: ________ = ________

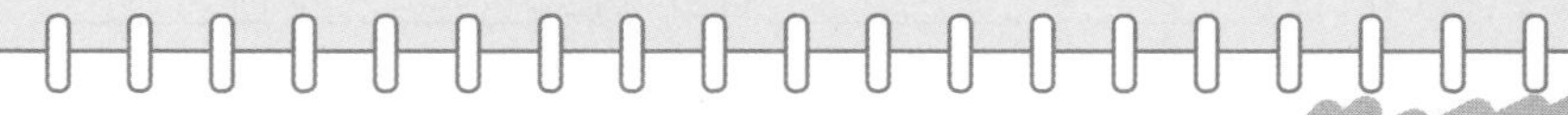

Reading Point

1) (a) Roy, come in.
로이 컴 인
로이, 들어와요!

(b) Please come in, Roy.
플리-즈 컴 인 로이
어서 들어오세요 로이씨 !

2) (a) Shut the door, Bill.
셔트 더 도어- 빌
그 문을 닫으시오 빌!

(b) Please shut the door, Bill.
플리-즈 셔트 더 도어~ 빌
미안하지만 그 문을 닫아주시겠어요 빌!

3) John, you sit down there.
존 유- 씻 다운 데어~
존(씨) 거기에 앉아요!

4) (a) Don't go there tomorrow.
도운트 고우 데어~ 터마로우
내일 거기에 가지 마시오!

(b) Please don't go there tomorrow.

플리-즈 도운트 고우 데어~ 터마로우

부디 내일 거기에 가지 마시오!

5) (a) John, come here.

존 컴 히어~

존, 이리 오렴!

(b) You stay here, please.

유- 스테이 히어~ 플리-즈

너는 여기에 있거라 응!

6) (a) Be kind to Jane.

비 카인드 투 제인

제인에게 친절하게 하시오!

(b) Don't scold her, please.

도운트 스코울드 허어~ 플리-즈

제발 그녀를 꾸짖지 마시오!

New Words

- come [kʌm] 「컴」 : (말하는 사람쪽으로)오다, (상대방쪽으로)가다
- please [pli:z] 「플리-즈」 : 기쁘게 하다. 미안하지만, 부디
- shut [ʃʌt] 「셔트」 : 닫다, 닫히다
- sit [sit] 「씻」 : 앉다*sit down : 앉다, 자리잡다
- don't = do not 의 단축형
- kind [kaind] 「카인드」 : 친절한
- door [dɔər] 「도어~」 : 문, 출입구
- there [ðɛər] 「데어~」 : 그곳에(서, 으로)
- here [hiər] 「히어~」 : 여기에(서)
- scold [skould] 「스코울드」 : 꾸짖다, 잔소리하다

단원 해설

이번 17단원은 명령문에 관한 문장이다.

명령문이란 「명령, 금지, 의뢰」를 나타내는 문장으로, 명령하는 말 끝에 마침표(.)로 끝맺는 것이 보통이지만, 강한 명령일 때는 말 끝에 보통 감탄부호(!)를 붙인다.

명령문에는 직접명령문과 간접명령문 두 가지가 있다.

즉 「~하시오! (하라!)라고 하는 '긍정명령문'과, 「~하지 마시오! (하지 마라!)」라고 금지하는 '부정명령문'이 직접명령문이며, 또한 간접적으로 「~합시다 (하자!)」라는 '의뢰'의 뜻으로 명령하는 말(글)이 곧 '간접명령문이다.

그러니까 본 단원에서는 1, 2, 3, 5번이 '긍정명령문'이고, 4, 6번은 부정명령문이다.

요점 정리

※ '보통명령문'은 「동사의 원형」으로 시작한다.

1) (a) : 명령을 받는 사람의 이름(Roy)을 직접 부른 다음, 이내 「들어오시오!」라고 명령하는 '보통명령문'

상대방 이름을 먼저 부르는 것은 더 강한 느낌을 주기 위해서다.

(b) : 이번 문장은 please(부디, 미안합니다만...)을 써서 간절하게 「~해 주세요」라는 뜻으로 쓰이고 있다.

please는 문장의 맨 앞이나 뒤에 붙일 수 있다. 다만 뒤에 붙일 때는 쉼표(,)를 붙여야 한다.

2) (a) : 명령을 한 다음 명령을 받은 사람의 이름 (Bill)을 부른것은, 명령 그 자체를 상대방에게 더 강조하기 위해서이다.

(b) : 간절한 표현을 쓰기 위해 please 를 사용했다.

3) 이번 문장은 위의 1,2번 문장과는 좀 달리 이름(John) 다음에 you를 생략하지 않고 그대로 you를 사용한 점이다.
이렇듯 같은 보통명령문도 경우에 따라서는 그 명령을 더 강조하기 위해서 'you'를 생략 안하는 경우가 있다.

4) (a) : 부정명령문
부정명령문은 「Don't + 동사원형」의 형식을 쓴다.
(b) 부정명령문이라도 정중한 표현을 쓰고 싶을 때는 'please'를 쓴다.

5) (a) : 1)번의 (a)와 같은 문장
(b) : 보통 때 같으면 you를 생략해야 하지만, 여기서는 '너(당신)'라는 말을 강조하고 있기 때문에 생략을 안 한 것이다.
그리고 그림 속 'You be…'의 문장에서 왜 'are'를 쓰지 않고 'be'를 썼을까? 그건 명령문에서는 모든 동사가 '원형'으로만 쓰이기 때문이다.

6) (a) : 'be동사'의 명령문.
여기서 본 문장을 평서문으로 바꾼다면, You are kind to Jane. (당신은 제인에게 친절합니다.)이 된다. 그런데 이 평서문을 명령문으로 한다고 해서 그냥 you를 떼어버리고 are를 맨 앞에 두고서 Are kind to Jane.라고 할 수 있을까? 아니, 그건 말도 안 된다. 왜냐하면 명령문은 맨 앞에 '원형동사'를 두어야 하기 때문이다. 그래서 본문에서처럼 원형동사인 'be'를 쓴 것이다.
(b) : 부정명령문이긴 하지만 끝에 please가 있기 때문에 정중한 부정명령문이다.

문법 코너

[규 칙]

▶ 영어에서 명령문은 언제나 '동사원형'으로 시작한다.

▶ be동사의 부정명령문은 〈Don't be…〉로 나타낸다.

((참 고))

※ 명령문의 종류와 문형

1) 보통명령문(직접명령문)

「~하라!(하시오!)」라고 뭔가를 명령하는 문장을 말한다.

(1) 명령문에서는 보통 주어인 you를 생략한다.

우리가 일반적으로 생각할 때는 「너 ~해!」라는 뜻의 말이라면 언제나 you룰 쓸 것 같지만 영어의 명령문에서는 특히 강조하는 경우를 제외하고는 보통 you를 생략한다. 그리고 그 대신에 글 첫머리에 동사원형을 둔다.

(2) be동사 (am, is are)의 명령문도 동사원형인 'be'로 시작한다.

(3) 정중한 표현의 명령문을 만들려면 please를 쓰면 된다.

please는 문장의 맨 앞이나 뒤에 둘 수 있다. 한편 유의할 점은 맨 뒤에 올때는 본문 5,6번 처럼 쉼표(,)를 찍고 please를 붙이면 「미안하지만 ~해 주세요」라는 뜻이 된다.

2) 부정명령문

(1) 「~하지 마 ! (~하지 마세요!)」라고 부정적으로 금지의 명령을 하는 문장을 말한다.

「Don't 동사원형」

(2) 부정명령문에도 please 를 쓸 수 있다.

(3) be동사의 부정명령문은 'Be not ~ '가 아닌 「Don't be ~」로 나타낸다.

3) 간접명령문

부드럽게 돌려서 하는 명령문을 말한다.

이를테면, 딱딱한 명령대신 「Let's ~」 (~합시다)라는 표현을 써서 부드럽게 돌려서 말하는 명령문이다.

(1) 「Let's」뒤에는 언제나 '동사원형'이 온다.

(2) 부정형은 「Let's not~」이다.

Dialogue 11

▶친한 친구들을 초대하여 파티를 열고 있다.

A : Are we all here ?
아~ 위 오올 히어~
모두 모였어 ?

B : Looks like it.
룩스 라이크 잇
그런 것 같아.

A : O.K. Let's open the champagne and make a toast.
오우케이 레cm 오우펀 더 샴페인 앤(드) 메이크 머 토우스트
좋아, 샴페인을 따서 건배하자!

B : Good idea.
굿 아이디어
좋은 생각이야.

A : Grab the glasses everyone ..... Cheers !
그래브 더 글래씨스 에브리원 치어~스
자 잔들 들고 ... 건배!

단 어

- all [ɔːl] 「오올」 : 모든, 모두
- look [luk] 「룩」 : 보다, ~으로 보이다
- like [laik] 「라이크」 : ~와 닮은, ~와 같은
- open [óupən] 「오우펀」 : 열린, 공개된
- make [meik] 「메이크」 : 만들다, ~을 하다
- toast [toust] 「토우스트」 : 건배하다, 토스트 * Let's make a toast : 「건배합시다!」라는 관용어구
- idea [aidíːə] 「아이디어」 : 생각
- grab [græb] 「그래브」 : 부여잡다
- everyone [évriwʌn] 「에브리원」 : 모두, 누구든지
- cheer [tʃiər] 「치어~」 : 기운을 내다

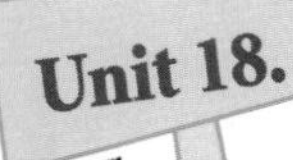

Unit 18. What a ~ ! How young ~ !

Reading Point(감탄문)

1) What a beautiful flower this is !
확(왓) 어 비유티펄 플라워~ 디스 이즈
이것이야말로 얼마나 아름다운 꽃인가 !

2) What a pretty girl !
확(왓) 어 프리티 거얼
얼마나 예쁜 소녀인가 !

3) What a rich man he is !
확(왓) 어 리치 맨 히 -이즈
그 사람이야말로 정말 굉장한 부자다 !

4) What big watermelons these are !
확(왓) 빅 워-터~맬런스 디-스 아~
이 수박들이야말로 정말 굉장히 큰 수박이구나 !

5) How beautiful she is !
하우 비유티펄 쉬 이즈
그녀는 참 아름답군요 !

6) How young you are !
하우 영 유- 아~
당신은 참 젊군요 !

7) How interesting this book is !
하우 인터~리스팅 디스 북 이즈
이 책은 정말 참 흥미롭군요 !

8) May you succeed !
메이 유- 썩씨-드
부디 성공하기를 !

단원 해설

이번 단원은 감탄문에 관한 문장들이다.

감탄문이란 명칭 그대로 놀람, 기쁨 등을 나타낸다. 영어에 있어서 감탄문은 우리말과는 달리 What 와 How로 시작된다.

즉, What 로 시작되는 감탄문은 본문 1~4번과 같이 「What a(an)+ 형용사+ 명사+주어+동사!」의 형식이고, How로 시작되는 감탄문은 본문 5~7번과 같이 「How + 형용사(또는 부사)+주어+동사!」의 형식이다.

그리고 끝으로 8번은 '기원문'으로, 맨 앞에 may를 두는 것이 특징이다.

요점 정리

1) What 으로 시작하는 감탄문

「What a(an)+형용사+명사+주어+동사!」의 형식

* 이번 1)문항은, This is a very beautiful flower.(이것은 대단히 아름다운 꽃이다)라는 형식의 평서문이 감탄문으로 바뀐 문장이다.

즉, very (대단히, 무척)대신에 그보다 더 감탄적인 뜻을 가진 what 이 새로운 가장(家長)이 되면서 종전까지 very의 식솔이었던 a beautiful flower까지 데리고 가서 새 가정을 이루게되어 결국, 'What a beautiful flower this is!가 된 것이다.

2) 위의 1)번과 같은 형식의 문장. 그러나 이번 문장은 주어와 동사(She is)가 생략되었다.

New Words

- beautiful [bjú:tifəl] 「비유-티펄」: 아름다운, 예쁜
- pretty [priti] 「프리티」: 예쁜, 귀여운
- rich [ritʃ] 「리치」: 돈많은, 부유한 * a rich man : 부자
- watermelon [wɔ́:tərmèlən] 「워-터멜런」: 수박
- young [jʌŋ] 「영」: 젊은
- interesting [íntərəstiŋ] 「인터~리스팅」: 주의를 끄는, 흥미로운
- succeed [səksí:d] 「썩씨-드」: 성공하다, 잘되다

* 감탄문에서는 보통 '주어'와 '동사'를 흔히 생략한다는 것을 유의하기 바란다.

* 2)번 문항의 평서문은 She is a very pretty girl.(그녀는 대단히 예쁜 소녀이다)이다.

그러나 이것이 감탄문으로 바뀌면서 위의 1)번처럼 'very'대신에 'what'가 새로 맨 앞에 놓이고, 주어인 'she'와 'be동사'인 'is'는 생략되어 결국 'What a pretty girl.'이 된 것이다.

3) 위의 1,2번 문항과 같은 형식의 문장.

* 평서문은, He is a very rich man. (그는 굉장히 큰 부자이다)이며 이문장이 감탄문으로 바뀐 것이다.

이를테면 'very'대신에 'what'가 맨 앞에 놓이면서 자연히 'a rich man'또한 그 뒤를 따라가서 'What a rich man he is!'가 된 것이다.

4) 위의 1)~3)번 문항과 같은 형식의 '복수형'문장

*이번 문항은 복수형이기 때문에 'what' 다음에 'a(an)'이 붙지 않았다.

그리고 이번 4)번 문항은 평서문인 'These are very big watermelons' (이것들은 굉장히 큰 수박들이다.)

5) How 로 시작하는 감탄문

* 문장 형태는「How + 형용사(또는 부사)+주어+동사!」

* 평서문은 She is very beautiful ! (그녀는 매우 아름답습니다)

이것이 감탄문으로 바뀌면서 'very' 대신에 'How'가 왔다.

여기서 How는「참, 얼마나」의 뜻이다.

그러니까 'What a(an) ~ ! '의 형식처럼 'very'대신에 'How'를 맨 앞에 두고, 그의 식솔이었던 'beautiful'까지 데리고 가서 결국 'How beautiful she is !'가 된 것이다.

6) 위의 5)번과 같은 형식의 문장

* 평서문인 You are very young. (당신은 매우 젊습니다.)이 감탄문으로 바뀐 형식.

7) 위의 5)~6)번과 같은 형식의 문장

* 평서문은, This book is very interesting. (이 책은 무척 재미있습니다.)

8) 이번 문항은, '바람, 소망' 즉, 「~하여 주시기를, ~하도록 (되도록) 하옵소서」의 뜻이며, 「May+주어+원형동사」의 형식으로 나타낸다.

문법 코너

[규칙]

▶ 영어에서 감탄문은 「What a(an) +형용사+명사+주어+동사 !」형식과, 「How+형용사(또는 부사)+주어+동사!」형식으로 나타낸다.

((참고))

◑ 의문문과 감탄문을 구별하는 법

문형상 언뜻 보면 의문문과 감탄문이 거의 비슷한것 같지만 실은 그렇지 않다. 우선 단어 수순에 있어서 '주어'와 '동사'의 위치가 다르고, 또 마지막에 붙는 부호가 다르다.

〈보기〉

· 의문문 ... How old are(동사) you(주어) ? (당신은 나이가 몇입니까?)

· 감탄문 ... How old you(주어) are(동사) ! (당신 나이가 참 많군요!)

Dialogue 12

▶친구인 A와 B가 퍼레이드를 구경하고 있다.

A : Look ! Here comes the parade!
루크(룩) 히어~ 컴스 더 퍼레이드
저것 봐! 퍼레이드다 !

B : Oh, yes. How gorgeous !
오우 예쓰 하우 고어~저스
오, 그래. 정말 멋있다!

A : Absolutely !
애브썰루틀리
정말이야 !

B : Yes. This is really something !
예쓰 디스 이즈 이-얼리 썸띵
응, 이거 정말 대단한 걸!

A : It sure is.
잇 슈어~이즈
정말 그래.

단 어

- look [luk] 「룩」 : 보다, ~이 보이다
- parade [pəréid] 「퍼레이드」 : 열병, 행진(하다)
- gorgeous [gɔərdʒəs] 「고어~저스」 : 호화스러운, 찬란한
- absolutely [æbsəlú:tli] 「애브썰루~틀리」 : 정말로, 절대적으로
- really [rí:əli] 「리얼리」 : 정말로
- something [sʌ́mθiŋ] 「썸싱」 : 무엇인가, 어떤것(일)
  * 그밖에도 「대단한 것」, 「훌륭한 것」이라는 의미도 있다. 그리고 또 그 외에도 「가치가 있는 것」, 「의미가 있는 것」이라는 뜻도 있다.
- sure [ʃuər] 「슈어~」 : 확신하는, 틀림없는

1) **다음 평서문을 보기와 같이 2가지 형태의 명령문으로 바꿔 쓰시오.**

> **보기**
>
> She goes out at night.
> (a) (보통명령문) - Go out at night.
> (b) (부정명령문) - Don't go out at night.

(1) He plays soccer everyday.

(a) ________________________

(b) ________________________

(2) She comes here in the morning.

(a) ________________________

(b) ________________________

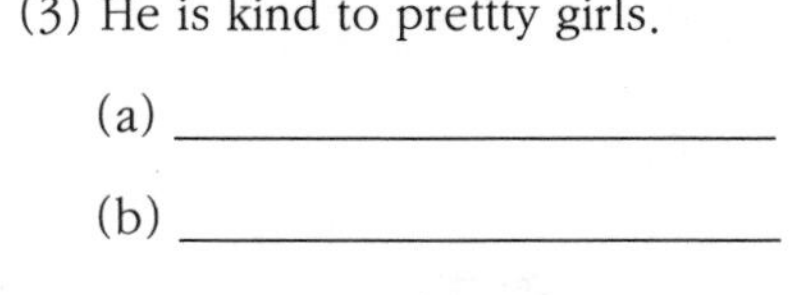

(3) He is kind to prettty girls.

(a) ________________________

(b) ________________________

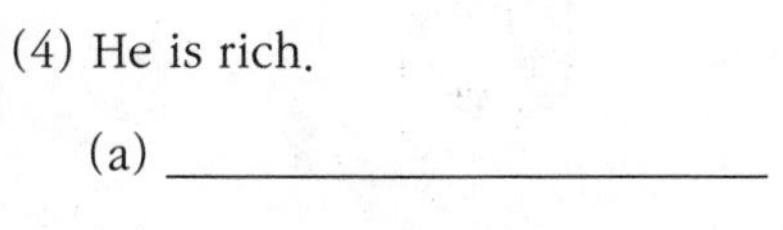

(4) He is rich.

(a) ________________________

(b) ________________________

(5) John picks the flowers.* pick[pik] : 꽃을 꺾다.

(a) ______________________

(b) ______________________

2) **다음 평서문을 보기와 같이 감탄문으로 바꿔 쓰시오.**

보기

He is a very honest boy.
-> What an honest boy he is !

(1) That is a very lovely dog.

* lovely 「러블리」: 귀여운, 사랑스러운

- ______________________________

(2) They are very poor old people.

- ______________________________

(3) She is a very happy woman.

- ______________________________

(4) The story is very interesting.

- ______________________________

(5) He is very diligent.

- ______________________________

3) 다음 문장들 가운데서 틀린 부분을 고치시오.

(1) Open the window please.

→ ______________________________

(2) Be not late for school.

→ ______________________________

(3) Do kind to Mike, please.

→ ______________________________

(4) Don't scold she, please.

→ ______________________________

(5) What pretty a girl she is !

→ ______________________________

(6) What a big apples these are !

→ ______________________________

(7) How beautiful is she !

→ ______________________________

(8) How fast runs he !

→ ______________________________

Unit 19.

There is(are) ~ . Is(Are) there ~ ?

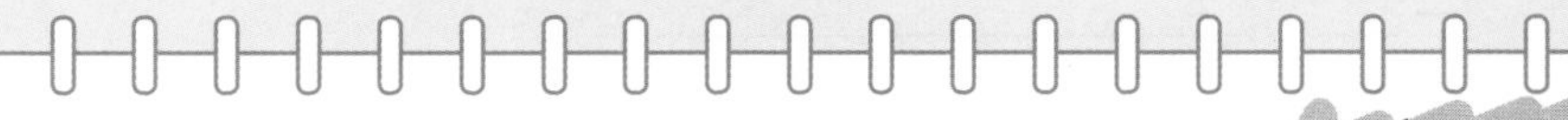

Reading Point

1) (a) There is a cup on the table.
데어~ 이즈어 컵 온 더 테이블
탁자 위에 하나의 컵이 있습니다.

(b) The cup is on the table.
더 컵 이즈온 더 테이블
그 컵은 탁자 위에 있습니다.

2) (a) There is a drugstore near his house.
데어 이즈어 드럭스토~ 니어~ 히즈 하우스
그의집 가까이에 약국이 있습니다.

(b) The drugstore is near his house.
더 드러그스토~ 이즈 니어 히즈 하우스
그 약국은 그의 집 가까이에 있습니다.

3) (a) There are many potatoes in the basket.
데어~ 아~ 메니 퍼테이토우스 인 더 배스키트
바구니 안에 많은 감자들이 있습니다.

(b) Many potatoes are in the basket.
메니 퍼테이토우스 어~ 인 더 배스키드
많은 감자들이 바구니 안에 있습니다.

4) (a) There are some pictures on the wall.
데어~ 아 썸 픽처~스 온 더 월
벽에 몇 장의 그림들이 붙어 있습니다.

(b) Some pictures are on the wall.
썸 픽처~스 어~ 온 더 월
몇 장의 그림들이 벽에 붙어 있습니다.

5) (a) Is there a park near here ?
이즈 데어~ 어 파아~크 니어~ 히어~
이 근방에 공원이 있습니까?

(b) Yes, there is. No, there isn't.
예스 데어~ 이즈 노우 데어~ 이즌트
예, 있습니다. 아니오, 없습니다.

6) (a) Are there any restaurants there?
아~ 데어~ 에니 레스트런트 데어~
거기에 식당이 있습니까 ?

(b) Yes, there are. No, there aren't.
예스 데어~ 어~ 노우 데어~ 아안트
예, 있습니다. 아니오, 없습니다.

Grammar
A Talk
Exercise

단원 해설

이번 19단원은 「~있다」라는 뜻을 가지고 있는 'There is (are) ~.'형식의 문형이다.

물론 「~있다」라는 뜻의 말은 'There is (are) ~.'외에도, '주어+be동사~.'형식 또한 같은 의미지만, 본문 1번 (b)문장에서처럼 그 사용 방법이 다르다는 점을 알아야 한다.

이를테면 본문 1)항의 (a)처럼, 같은 cup(컵)이라도 'a cup (하나의 컵)'은 듣는 사람의 편에서 보면 그 '컵'이 정확히 어떤 내용의 컵인지 잘 모르는 컵이고, 'the cup(그컵)'은 이미 상대방도 잘 알고 있는 그런 '컵'이다.

그러니까 결론적으로 말해서 'a cup'의 경우처럼 어떤 무엇(명사)이 「~있다」라고 처음 소개할 때에는 〈There is(are)~〉형식을 쓰고, 'the cup'처럼 이미 상대방도 알고 있는 '어떤 무엇(명사)'이 「~있다」라고 할 때에는 〈주어+be동사〉형식을 쓰면 된다.

결론적으로 말해서 1)번 (a)는 〈There is(are)~.〉형식이고, (b)는 〈be동사〉의 형식임을 유의하기 바란다.

* There is (are)~.'형식에 있어서 'there'는 여기서 다른 아무 의미없이 단순히 문장을 인도하는 역할만 한다는 것을 유의하기 바란다.

요점 정리

1) (a)앞에서 설명했듯이 'a cup'은 상대방이 잘 모르는 '하나의 컵'이 탁자 위에「~있다」라는 의미이기 때문에 〈There is ~.〉형식을 취한 것이다.

New Words

- there [ðɛər] 「데어~」 : 그곳에, 거기에 * 여기서는 be동사(is, are)와 함께 「~있다」라는 의미
- cup [kʌp] 「컵」 : 컵, 찻잔
- drugstore [drʌ́gstɔ̀:r] 「드럭스토~」 : 약국
- near [niər] 「니어~」 : (장소, 시간이)가까이(에), 접근하여, 이웃에
- house [haus] 「하우스」 : 집, 가옥
- potato [pətéitou] 「퍼테이토우」 : 감자, potatoes는 복수형
- basket [bǽskit] 「배스키트」 : 바구니, 광주리
- some [sʌ́m] 「썸」 : 얼마간의, 어떤, 상당한
- picture [píktʃər] 「픽쳐~」 : 그림, 영상
- wall [wɔ:l] 「월」 : 벽, 담
- park [pa:rk] 「파아~크」 : 공원 * isn't – is not 의 단축형
- restaurant [réstərənt] 「레스트런트」 : 레스토랑, 식당
- any [éni= 「에니 : ① (의문문에서) 얼마간의 (사람,것) ② (긍정문에서) 어떠한 ~이라도, 누구든 * aren't – are not 의 단축형

· on the table : 탁자 위에

(b)상대방도 알고 있는 그런 컵, 그 컵(the cup)이 탁자 위에 「~있다」라는 말이기 때문에 (be 동사)의 형식을 취한 것이다.

2) 위의 1)번 문항과 같은 형식의 문장

(a)'a drugstore'또한 상대방이 잘 모르는 '하나의 약국이 그의 집 가까이에 있다'라는 말이기 때문에 'There is ~.'형식을 취한 것이다.

· near his house : 그의 집 가까이

(b)상대방도 잘 알고 있는 약국, 즉, '그 약국(the drugstore)'의 집 가까이 「~있다」라는 말이기 때문에 'be동사'의 형식을 취한 것이다.

3) 위의 1,2번의 문항과 같은 '복수형'문장

(a)many potatoes(많은 감자들)역시 상대방이 잘 모르는 많은 감자들이 바구니 안에 「있다」라는 말이기 때문에 〈There are ~〉의 형식을 취한 것이다.

· in the basket : 바구니 안에

(b)이미 상대방도 알고 있는 많은 감자들이 바구니 안에 「있다」라는 말이기 때문에 'be동사'의 형식을 취한 것이다.

4) 위의 1~3번 문항과 같은 '복수형'문장

(a)some pictures(몇장의 그림들)또한 상대방이 잘 모르는 그림들이 벽에 붙어 「있다」는 말이기 때문에 '복수형'문형인 'There are ~ .'형식을 취한 것이다.

* 약간의, 몇 개(장)의 뜻을 가지고 있는 some과 any는 그 문장 형식에 따라 쓰임새가 다르다. 즉, 일반적으로 some은 평서문, any는 의문문과 부정문에 쓰인다.

(b)여기서 some pictures는 상대방도 다 알고 있는 그 그림들이 벽에 붙어 「있다」는 말이기 때문에 'be동사'형식을 취한 것이다.

5) 〈Is(Are)there ~ ?〉형식의 의문문에 대한 답변

(a) 평서문인 'There is a park near here.'가 의문문으로 바뀐 문형.

· a park(하나의 공원)또한 상대방이 잘 모르는 '어떤 하나의 공원이 이 근방에 있느냐?'하는 말이기 때문에 〈Is there ~?〉형식을 취한 것이다.

· near here : 이 근방에, 여기 가까이에

(b)긍정과 부정의 답변

* Yes, there is. → is 다음에 'a park near here'가 생략됨.

* No, there isn't → isn't(is not)다음에 'a park near here'가 생략됨.

6) 위의 5)번 문항과 같은 형식의 '복수형' 문장.

(a) 평서문인 There are some restaurants here.(거기에 몇 개의 식당들이 있다.)가 의문문으로 바뀐 문형.

· 위의 4)번에서도 설명했듯이 some과 any는 같은 뜻으로, 평서문에는 'some', 의문문에서는 'any'를 쓴다.

*any(some)restaurants 역시 상대방이 잘 모르는 식당들이 거기에 「있느냐?」는 말이기 때문에 복수형인 〈Are there ~ ?〉형식을 취한 것이다.

*이 문장에서 끝에 온 there는 「거기에」라는 뜻을 가진 부사.

(b)'긍정'과 '부정'의 답변

*Yes, there are. → are 다음에 'some restaurants there'가 생략됨.

*No, there aren't. → aren't(are not)다음에 'some restaurants there'가 생략됨.

[규칙]

▶ 서로가 잘 모르는 뭔가가 어디어디에 「~이 있다」라는 표현은 〈There is (are)~.〉로 표현한다. 그러나 상대방도 잘 아는 뭔가가 어디어디에 「있다」라는 표현은 〈주어+be동사〉형식으로 나타낸다.

Grammar

A Talk

Exercise

((참고사항))

◑ (There is(are) ~.)형식에 대한 단.복수형 문장과 의문문, 부정문.

1) 단.복수형 긍정문

(1) 주어가 단수일 때

〈There is + 단수명사(주어)~.〉

* 본문 1),2)번 문항 참조

(2) 주어가 복수일 때

〈There are + 복수명사(주어) ~.〉

* 본문 3),4)번 문항 참조

2) 의문문

의문문은 is(are)를 문장 맨 앞에 놓은 다음, 그 문장 끝에 의문부호(?)를 붙이면 된다.

(1) 주어가 단수일 때

〈Is there + 단수명사(주어) ~ ?〉

* 본문 5)번 참조

(2) 주어가 복수일 때

〈Are there + 복수명사(주어) ~ ?〉

* 본문 6)번 참조

※ 〈Is (Are) there ~ ?〉의 답변은 'Yes', 'No'로 간단히 답하면된다.

3) 부정문

부정문은 There is (are) 다음에 'not'을 넣으면 된다.

〈There is(are) not + 명사 ~.〉

〈보기〉

There isn't a piano in my room. (내 방에는 피아노가 없다.)

Dialogue 13

▶친구인 A와 B가 휴식시간에 대담하고 있다.

A : Tae-ho are you hungry ?
태호 아~ 유- 헝그리
태호야, 배고파 ?

B : No, not really.
노우 낫 리-얼리
아니. 그 정도는 아니야. ?

I'm rather thirsty. Aren't you ?
아임 래더~ 서어~스티 아안트 유-
난 그보다는 목이 마른 걸. 너는?

A : I am too, I just need a glass of water.
아이 엠 투- 아이 저스트 니드 어 글래쓰 업 워터~
나도 물이면 충분해.

Let's take a break anyway.
레츠 테이크 어 브레이크 에니웨이
어쨌든 잠깐 쉬도록 하자.

단어

- hungry [hʌŋgri] 「헝그리」 : 배고픈
- really [riəli] 「리-얼리」 : 정말로

* not really : 「그 정도는 아닙니다, 아주~한것은 아닙니다.」의 뜻. 즉 부드럽게 부정하는 의미로 쓸 때의 어구입니다.

- rather [ræðər] 「래더~」 : 오히려, 그보다는
- thirsty [θə:rsti] 「서어~스티이」 : 목마른
- break [breik] 「브레이크」 : 깨뜨리다, 휴식, 쉬는 시간
- anyway [eniwei] 「에니웨이」 : (=anyhow)어떻게 해서든지, 여하튼, 어쨌든
- just [dʒʌst] 「저스트」 : 바로, 이제, 방금, 막

8:5

What is Jane doing now?
Do you know the sleeping boy?

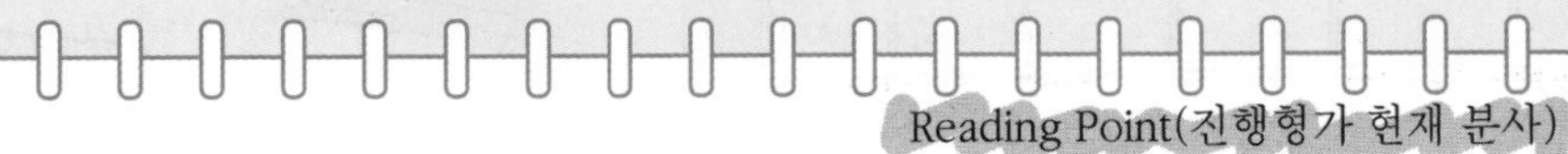

Reading Point(진행형가 현재 분사)

1) (a) Where is Ann?
훼어~ 이즈 앤
앤은 어디에 있습니까?

(b) She's sitting on the chair.
쉬즈 씨팅 온 더 체어~
그녀는 의자에 앉아 있습니다.

2) (a) What is Jane doing now?
홧(왓) 이즈 제인 두잉 나우
제인은 지금 무엇을 하고 있습니까?

(b) She's talking with Mary.
쉬즈 토-킹 위드 메리
그녀는 메리와 이야기하고 있습니다.

3) (a) Where are you going now?
훼어~ 아~ 유- 고우잉 나우
당신은 지금 어디를 가고 있습니까?

(b) I'm going to the concert.
아임 고우잉 투- 더 콘서~트
나는 음악회에 가고 있는 중입니다.

4) (a) What is she doing in her room?
홧(왓) 이즈 쉬 두잉 인 허~ 룸
그녀는 그녀의 방에서 무엇을 하고 있습니까?

(b) She's listening to music.
쉬즈 리슨닝 투- 뮤직
그녀는 음악을 듣고 있습니다.

5) (a) What are they doing now ?
홧(왓) 아~ 데이 두잉 나우
그들은 지금 무엇을 하고 있습니까?
(b) They're playing tennis.
데이어~ 플레잉 테니스
그들은 테니스를 치고 있습니다.

6) (a) Where are you going tomorrow ?
훼어 아~ 유 고우잉 터마로우
당신은 내일 어디에 갈 예정입니까?
(b) I'm going to New York tomorrow.
아임 고우잉 투 뉴욕 터마로우
나는 내일 뉴욕에 갈 예정입니다.

7) (a) Do you know the sleeping boy ?
두 유 노우 더 슬리-핑 보이
당신은 자고 있는 저 소년을 아십니까?
(b) No. I don't.
노우 아이 도운트
아니오, 난 모릅니다.

8) (a) Do you know the woman standing there?
두 유- 노우 더 우먼 스탠딩 데어~
당신은 저기에 서 있는 여성을 아십니까?
(b) Yes, I do.
예쓰 아이 두-
예, 압니다.

Grammar

A Talk

Exercise

단원 해설

이번 단원은, 1)~6)번 문항의 '진행형 문장'과, 7)~8)번 문항의 '현재분사형 문장'으로 구성되어 있다.

'진행형'이란 말 그대로 어떤 일이 현재 진행되고 있는 상황을 말한다.

이를테면, 지금 TV를 통해 축구경기를 '보고 있는 중'이라든가, 또는 공부하기 위해 도서관에 '가는 중'이다라고 하는 것들이 바로 현재진행형이다.

그러나 진행형에는 현재진행형만 있는게 아니고, 과거진행형도 있다.

이를테면, 「민호는 그때 잠자고 있었다.(Min-ho was sleeping then.)」라는 형식의 말이 바로 과거진행형 문장이다.

현재진행형은 〈be동사의 현재형+(동사의 원형+ing)〉 형식이다.

그런데, 여기서 한가지 주의할 점은, 어느 동사에나 '~ing'를 붙일 수 없다는 사실을 알아야 한다.

즉, 마음속 상태를 나타내는 「know, love, like...」같은 동사나, 「see, hear...」등 같이 (주어의 의지와 상관없이 발생하는) 지각동사 등은 진행형으로 안 되고, 「go, come, start, arrive...」등 왕래발착(往來發着)의 뜻을 가진 동사들과 「play, eat, study, buid...」 와 같이 주어가 의지를 가지고 적극적으로 동작을 행하는 것들만 진행형으로 표현할 수 있다.

New Words

- sitting [sítiŋ] 「씨팅」 : 앉아 있는 * sit(앉다)의 진행형 동사
- chair [tʃɛər] 「체어」 : 의자
- doing [dú:iŋ] 「두잉」 : (행위 등을) 하고 있는, 행동
- now [nau] 「나우」 : 지금, 방금
- with [wið] 「위드」 : ~와 함께, 같이
- going [góuiŋ] 「고우잉」 : 가고 있는
- concert [kɔ́nsə:rt] 「콘써~트」 : 음악회, 연주회
- listening [lísniŋ] 「리쓰닝」 : 듣고 있는, 경청하고 있는
- playing [pleiŋ] 「플레잉」 : 운동(경기)을 하고 있는
- sleeping [slí:piŋ] 「슬리-핑」 : 자고 있는
- woman [úmən] 「우먼」 : 여자, 여성
- standing [stǽndiŋ] 「스탠딩」 : 서 있는

그리고 끝으로, 본문 7)~8)번 문항의 '현재분사' 형식에 대해서 설명하겠다.

'현재분사'란, 동사원형에 '~ing'를 붙인 문장을 말한다.

이를테면, 〈동사원형+ing〉 형식이 'be동사'와 함께할 때는 진행형이 되지만, 단독으로 쓰일 때는 본문 7)~8)번 문항과 같이 '현재분사'로써 형용사처럼 쓰인다는 점을 유의하기 바란다.

물론 과거분사(동사원형+ed)형식도 있지만 그건 앞으로 배우기로 하고, 이번 단원에서는 현재분사에 대해서만 언급하겠다.

*보다 자세한 것은 본 단원 '문법 코너'를 참조하기 바람.

요점 정리

1) (a) 의문사 의문문.

(b) 〈be동사 + (동사원형 + ing)〉형식의 현재진행형 … 'is + sitting'

여기서 sitting은 동사원형인 sit(앉다)에 '~ing'가 붙어 sitting(앉아 있는) 이라는 '현재분사'가 된 것이다.

* 분사란 동사의 쓰임새를 보다 다양화하기 위해 '동사원형'에 'ing' 또는 '~e(d)'를 붙인 형식을 말하며, 본문 1)~6)번 문항처럼 'be동사'와 함께하여 현재진행형으로 쓰이거나, 또는 7)~8)번처럼 형용사로 쓰인다.

* sit와 같이 끝 글자가 자음이고, 그 앞에 있는 모음이 단음일 때는 그 끝 자음 글자를 한번 더 덧붙인 다음 '~ing'를 붙인다.

〈보기〉 sit → sitting

2) 현재진행형 의문문과 그에 대한 응답

(a) What is Jane doing now? (제인은 지금 무엇을 하고 있습니까?)는 현재진행형 의문문이다.

이 문장을 평서문으로 바꾼다면 what 대신 it을 넣어, Jane is doing it now. (제인은 지금 그것을 하고 있다.)라는 평서문이 된다.

이것을 다시 의문문으로 바꾼다면,

Is Jane doing it now? (제인은 지금 그것을 하고 있습니까?)가 된다.

그런데, 여기서 it(그것)이 실제로 '무엇인지'를 몰라서 그 대신 'what'을 쓴다면, what이 의문사이기 때문에 문장 맨 앞에 두어야 한다. 그래서, 본문에서처럼 'What is Jane doing now?'가 된 것이다.

* 〈is + doing〉 : 「~하고 있는 중이다」… [현재 진행형]

doing은 동사원형인 do(하다)에 '~ing'가 붙어 doing이라는 현재분사가 된 것이다.

(b). (a)의 질문에 대한 답변

진행형 의문문에 대해서는 역시 진행형으로 대답하면 된다. 그러나 Yes, No로 간단히 대답할 경우에는 보통 '~ing'이하는 생략한다.

· is talking : 말(이야기)하고 있다 … [현재진행형]

talking은 동사원형인 talk(말하다)에 '~ing'가 붙어 talking(말하고 있는)이라는 '현재분사'가 된 것이다.

3) 현재진행형 의문문과 그에 대한 답변

(a) 현재진행형 의문문

〈are + going〉 : 「가고 있는 중이다」… [현재진행형]

going은 동사원형인 go(가다)에 '~ing'가 붙어 '현재분사'인 going이 된 것이다.

(b) (a)의 질문에 대해, 역시 '현재진행형'으로 답변하고 있다.

· to the concert : 음악회에

4) 위의 2)~3)번과 같은 형식의 문장

(a) 현재진행형 의문문

· in her room : 그녀의 방에서

(b) (a)에 대한 답변

· is listening : 「듣고 있다」… [현재진행형]

listening은 동사원형인 listen(~을 듣다)에 '~ing'가 붙어 listening(듣고 있는)이 된 것이다.

* hear는 청력이 있기 때문에 주어의 의지와 상관없이 듣는 것이고 listen은 주어가 의지적으로 귀를 기울여서 듣는 것이다.

5) 위의 2)~4)번과 같은 형식의 문장

(a) 현재진행형 복수

· are doing : (일 따위를) 「하고 있는 중이다.」…[현재진행형]

(b) (a)의 질문에 대한 답변 역시 '현재진행형'으로 답변.

· are playing : (경기 따위를) 「하고 있는 중이다」

6) 위의 2)~5)번과는 그 내용이 좀 다른 현재진행형 의문문

(a) 여기서는 tomorrow(내일)라는 미래를 나타내는 말이 있기 때문에 해석 또한 「~하고 있는 중이다」가 아닌, 「~할 예정이다」라고 해석해야 한다.

(b) 답변 또한 'am going'을 「(~에)갈 예정이다」라고 해석해야 한다.

※ 현재진행형은 이렇듯 '현재'의 일뿐만 아니라, 가까운 '미래'까지도 나타낼 수 있다.

7) 이번 문항은 현재진행형이 아닌 '현재분사' 문형의 의문문이다.

* 현재분사란 앞의 설명에서도 언급했듯이 〈동사원형+ing〉 형식으로 본문 1)~6)번 문항처럼 'be 동사'와 함께 할 때에는 '진행형'으로 쓰이지만, '현재분사 단독'으로 쓰일 때는 '형용사 용법'으로 쓰인다는 점을 유의하기 바란다.

(a) 여기서 sleeping은 동사원형인 sleep(잠자다)에 '~ing'가 붙어 '현재분사'인 sleeping(잠자고 있는)이 된 것이다.

그리고 이 문장에서 sleeping은 (현재분사+명사)의 순서로 명사인 'boy'를 꾸며 주고 있다... (한정적 용법)

※ 한정적 용법이란, 현재분사가 명사의 앞 뒤에서 그 명사를 수식하는 것을 말한다. 단독으로 쓰일 때는 명사 앞에, 수식어.목적어가 있으면 명사 뒤에 놓여 수식한다.

(b) (a)의 질문에 대한 답변

* No, I don't. 다음에 Know the sleeping boy 가 생략됨.

8) 위의 7)번과 같은 형식의 문장

(a) 여기서 standing은 stand(서다)에 '~ing'가 붙어 '현재분사'인 standing(서 있는)이 된 것이다.

이 문장에서는 (명사(woman)+현재분사(standing))형식의 순이다.

(한정적 용법)

(b) (a)의 질문에 대한 답변

Yes, I do. 다음에 know the woman standing there 가 생략됨.

문법 코너

((참고사항))

◑ 현재진행형이란

현재진행형은 지금 눈앞에서 벌어지고 있는 일 뿐만이 아니라 가까운 미래에 일어날 일까지 나타내기도 한다.

1) 현재진행형을 만드는 방법

〈be동사의 현재형+(동사원형 + ing)〉

(1) '~ing'를 붙여서 사용할 수 있는 동사는 대체로 '왕래발착(往來發着)'의 뜻을 가진 동사와 주어가 의지적으로 행하는 동사들이다.

왕래발착(往來發着)이란, 가다(go), 오다(come), 출발하다(start), 도착하다(arrive)의 뜻으로, 이것의 현재진행형은 미래를 나타내는 부사구와 함께 가까운 미래의 의미를 지닌다.

* 과거진행형에 대해서는 다음 단원에서 설명하겠다.

(2) 다음과 같은 동사는 '진행형'으로 쓰지 않는다.

① 마음속 상태를 나타내는 동사

know (알다), think(생각하다), like(좋아하다), love(사랑하다)

② 소유를 나타내는 동사

have(has) : (가지다, 가지고 있다)

하지만 have가 (먹다)의 뜻으로 쓰일때에는 '진행형'으로 특별히 사용할 수 있다.

③ 지각을 나타내는 동사

see(보다, 보이다), here(듣다)등등

2) 현재진행형의 부정문과 의문문

· She is listening to music. .... (긍정문)

(그녀는 음악을 듣고 있다.)

· She is not listening to music. ..... (부정문)

(그녀는 음악을 듣고 있지 않다.)

· Is she listening to music ? ...... (의문문)

(그녀는 음악을 듣고 있습니까?)

* 진행형 의문문에 대한 답변을 Yes, No로 대답하는 경우에는 보통 '~ing'이하를 생략한다.

* 본 의문문에 대한 답변은, 긍정일 때는 Yes, she is. 부정일 때는 No, she isn't.라고 대답하면 된다.

※분사란 무엇인가?

분사란 동사의 원형에 '~ing'나, '(e)d'를 붙인 형식으로 부분적으로 '동사'의 역할은 물론 '형용사'의 역할까지 하는 동사를 말한다.

이를테면, '형용사'만으로는 우리가 하고 싶은 말을 제대로 다 표현할 수 없으므로 동사의 기본틀에 꼬리(ing, ed)를 달고 새로 형용사로 태어난 낱말이기 때문에, 분사(分詞)라 이름 붙인 것이다.

분사에서는 '현재분사'와 '과거분사'가 있으나, 본 단원에서는 현재분사에 대해서만 공부하겠다.

※ 현재분사에 있어서 '동사원형'의 변화

〈보기〉

· live(살다) 따위와 같이 단어 끝의 'e'가 발음되지 않는 동사는 'e'를 떼어버리고 '~ing'를 붙인다.

* live[liv] → living　　　　* write[rait] (쓰다) → writing

· shut 따위와 같이 「단모음(u)+자음(t)」일 때는 '자음'을 한번 더 겹쳐 쓴 다음 '~ing'를 붙인다.

* shut (닫다) - shutting　　　　*sit (앉다) - sitting

· die(죽다)와 같이 'ie'로 끝나는 동사는 '~ie'를 'y'로 고친다음 '~ing'를 붙인다.

* die (죽다) - dying　　　　* lie (눕다) - lying

· begin[bigin]따위와 같이 「단모음+자음」으로 끝나는 2음절 이상의 단어로서 마지막 음절에 강세가 있으면 '자음'을 한번 더 겹쳐 쓰고, '~ing'를 붙인다.

* begin(시작하다) - beginning　　　　* run (달리다) - running

* swim (헤엄치다) - swimming

Dialogue 14

▶부엌에서 요리를 하다

A : Are you busy now ?
아~ 유- 비지 나우
지금 바쁘세요?

B : Yes, I am.
예쓰 아이 앰
예, 바쁩니다

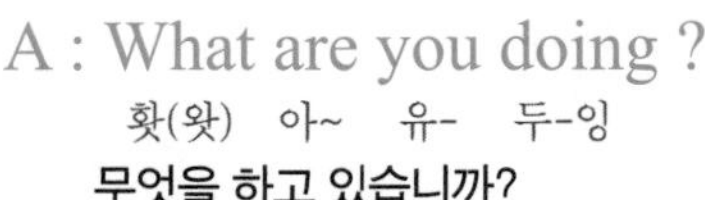

A : What are you doing ?
홧(왓) 아~ 유- 두-잉
무엇을 하고 있습니까?

B : I'm cooking in the kitchen.
아임 쿡킹 인 더 키친
부엌에서 요리를 하고 있습니다.

A : What are you cooking ?
홧(왓) 아~ 유- 쿡킹
무엇을 만들고 있습니까?

B : I'm cooking curry and rice.
아임 쿡킹 커리 앤 라이스
카레라이스를 만들고 있습니다.

단 어

- busy [bízi] 「비지」: 바쁜, 부지런히 일하는
- doing [du:iŋ] 「두-잉」: (~을 하고 있는) do(하다)의 현재분사
- cooking [kukiŋ] 「쿡킹」: (요리하고 있는) cook (요리하다)의 현재분사
- kitchen [kitʃin] 「키친」: 부엌
- curry [kəri] 「커리」: 카레(가루)
- rice [rais] 「라이스」: 쌀 * curry and rice : 카레라이스

Unit 21. Not, Do not, Isn't ~ ? Don't ~ ?

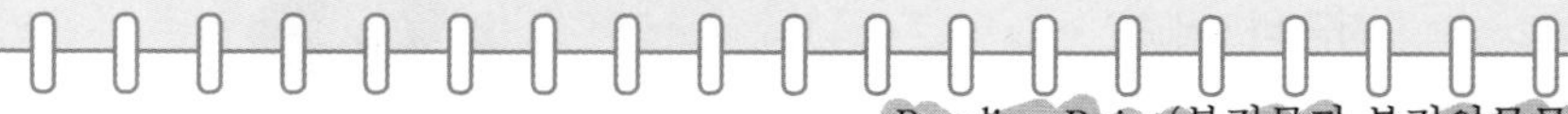

Reading Point(부정문과 부정의문문)

1) (a) She is not pretty.
쉬- 이즈 낫 프리-티
그녀는 예쁘지 않습니다.

(b) Isn't she pretty ?
이즌트 쉬- 프리-티
그녀는 예쁘지 않습니까?

(c) Yes, she is.
예스 쉬 이즈
아니오, 예쁩니다.

2) (a) You are not young.
유- 아~ 낫 영
당신은 젊지 않습니다.

(b) Aren't you young ?
아~안트 유- 영
당신은 젊지 않습니까?

(c) No, I'm not.
노우 아임 낫
예, 젊지 않습니다.

3) (a) He does not have a wife.
히- 더즈 낫 해브 어 와이프
그는 부인이 없습니다.

(b) Doesn't he have a wife ?
더즌트 히- 해브 어 와이프
그는 부인이 없습니까?

(c) No, he doesn't. He is lonely.
노우 히- 더즌트 히- 이즈 로운리
예, 부인이 없습니다. 그는 외롭습니다.

4) (a) She does not like meat.
쉬- 더즈 낫 라이크 미-트
그녀는 고기를 좋아하지 않습니다.

(b) Doesn't she like meat ?
더즌트 쉬 라이크 미-트
그녀는 고기를 좋아하지 않습니까?

(c) No, she doesn't.
노우 쉬- 더즌트
예, 좋아하지 않습니다.

5) (a) They do not read comic books.
데이 두 낫 리-드 카믹 북스
그들은 만화책을 읽지 않습니다.

(b) Don't they read comic books ?
도운트 데이 리-드 카믹 북스
그들은 만화책을 읽지 않습니까?

(c) Yes, they do.
예스 데이 두-
아니오, 읽습니다.

Grammar

A Talk

Exercise

단원 해설

이번 21단원은 '부정문'과 '부정의문문', 그리고 Yes, No의 답변으로 구성되어 있다.

'부정문'은 앞에서도 이미 배웠듯이 be동사가 있는 문장이든 일반동사가 있는 문장이든 (be 동사) 뒤에 'not'만 넣으면 부정문이 되고, 일반동사가 있는 문장에서는 일반 동사 앞에 do/does를 넣고 그 뒤에 'not'을 둔다.

그런데 문제는 「~않습니까」라고 해석되는 '부정문'에 대한 답변을 자칫 잘못 생각하여 그냥 무심코 Yes, No로 대답했다가는 큰 오해가 생긴다는 것을 알아야 한다.

그에 대한 본문 1)번 문항을 예로 들어 설명하겠다.

이를테면 A라는 사람이 C라는 여자와 사귀기 전 그녀를 잘 아는 B라는 사람에게 C라는 여자에 대해 'Isn't she pretty ?'(그 여자는 예쁘지 않지요?)라고 물었다고 하자. 그러자 B는 자기가 보기에도 C가 별로 예쁘지 않기 때문에 본 단원 1)번처럼 Yes, she is. 라고 대답했다면, 과연 그 답변이 B가 의도한 대로 옳게 대답한 것일까? 아니 그건 잘못 대답한 것이다.

물론 A의 질문에 대해 우리말 표현만 놓고 볼 때에는 「예, 그렇습니다」라는 우리말이 물론 맞다. 그리고 「예, 그렇습니다」라는 그 영어 표현만 놓고 볼 때도 'Yes, she is.'라는 말은 맞는 대답이다.

그러나 그 부정의문문에 대한 답변에 있어서는 영어가 실제로 우리말과는 많은 차이가 있다는 것을 알아야 한다.

즉, Isn't she pretty ? (그녀는 예쁘지 않지요?)에 대한 답변은 예쁘지 않다고 생각되면 우리말과는 정반대로 'No, she isn't'(예, 예쁘지 않아요)라고 대답해야 맞는 답변이 된다.

New Words

- pretty [prí:ti] 「프리-티」 : 예쁜, 귀여운
- young [jʌŋ] 「영」 : 젊은, 한창인
- * isn't = is not
- * aren't = are not
- * doesn't = does not
- wife [waif] 「와이프」 : 아내(처), 주부
- lonely [lounli] 「로운리」 : 고독한, 홀로의
- meat [mi:t] 「미-트」 : 고기
- comic [kámik] 「카믹」 : 희극의, 우스꽝스러운
- * a comic book : 만화책

아무튼 영어에서 「~않습니까?」라는 '부정의문문'에 대한 답변으로는 Yes, No 의 사용을 우리말과는 정반대의 뜻으로 생각하고 써야 된다는 점을 유의했으면 한다.

요점 정리

1) (a) be동사의 부정문

긍정문인 She is pretty. (그녀는 예쁩니다)에 'not'을 넣어 부정문인 She is not pretty. 가 됨.

(b) be동사의 부정의문문

부정문인 She is not pretty. 가 의문문으로 바뀐 문형

* 부정의문문이기 때문에 'isn't'가 문장 맨 앞으로 나감.

(c) (b)의 부정의문문에 대한 답변

* 앞의 설명에서도 언급했듯이 우리말의 「아니오」는 영어로는 'yes'로 대답해야 하기 때문에, 'Yes, she is' (아니오, 예쁩니다.) 가 됨.

2) (a) be동사의 부정문

긍정문인 You are young .(당신은 젊습니다)에 'not'을 넣어 부정문인 'You are not young'이 됨.

(b) be동사의 부정의문문

부정문인 You are not young.이 의문문으로 바뀐 문형

*부정의문문이기 때문에, 'aren't'가 문장 맨 앞으로 나감.

(c) (b)의 부정의문문에 대한 답변

*우리말「예」는 부정의문문에서 영어로는 반대로 「no」로 대답해야 하기 때문에, 'No, I'm not.' (예, 젊지 않습니다)가 됨.

3) (a) have 동사의 부정문.

긍정문인 He has a wife. (그는 부인이 있습니다.) 에 'does not'를 넣어 '부정문인 He does not have a wife.'가 됨.

* have/has 및 일반동사를 부정문이나 의문문으로 만들 때는 do/does를 동반해야 한다는 점을 명심하길 바란다.

그리고 3인칭 단수 긍정문에 쓰이는 'has'도 부정문이나 의문문으로 바꿔 쓸 때는 앞에 조동사 does가 있으므로 그 또한 원형 'have'로 바꿔서 사용한다는 점을 유의하기 바란다.

(b) have 동사의 부정의문문.

부정문인 He does not have a wife. 가 부정의문문으로 바뀐 문형.

* 부정의문문이기 때문에 'doesn't' (does not)가 문장 맨앞으로 나감.

(c) (b)의 부정의문문에 대한 답변

이 (c)의 답변 역시 우리말 (예)가 영어 답변에서는 (no)가 됨으로 'No, he doesn't.'는 (예, 그렇습니다, 없습니다)가 된다.

4) (a) 일반동사의 부정문.

긍정문인 She likes meat. (그녀는 고기를 좋아합니다.)에 'does not'을 넣어 부정문인 'She does not like meat.'가 됨.

(b) 일반동사의 부정의문문

부정문인 She does not like meat. 가 '의문문'으로 바뀐 문형.

*부정의문이기 때문에 위의 3)번 (b)문항처럼 'doesn't'가 문장 맨 앞으로 나감.

(c) (b)의 부정의문문에 대한 답변

*이 문항에서도 'No, she doesn't.'(예, 좋아하지 않습니다)가 된다.

5) (a) 일반동사의 부정문

긍정문인 They read comic books. (그들은 만화책을 읽습니다)에 'do not'를 넣어 부정문인 They do not read comic books.가 됨.

(b) 일반동사의 부정의문문

부정문인 They do not read comic books. 가 의문문으로 바뀐 문형.

(c) (b)의 부정의문문에 대한 답변.

* 우리말 (아니오)는 영어로 (Yes)로 해석되어야 하므로, Yes, they do.(아니오, 그들은 읽습니다.)가 된다.

Dialogue 15

▶친구사이인 A와 B가 컴퓨터로 리포트를 작성하고 있다.

A : Are you done ?
아~ 유- 던
끝났니?

B : No. Not yet, I'm afraid.
노우 낫 옛 아임 어프레이드
아니, 아직. 유감스럽지만~

A : I'm finally done.
아임 파이널리 던
난 드디어 끝났어.

B : Oh, you're lucky.
오우 유어~ 럭키
오, 잘됐구나.

A : Why don't you use my new computer ?
화(와)이 도운트 유- 유-즈 마이 뉴 컴퓨터~
나의 새 컴퓨터를 써보는 게 어때?

I'm sure it will help.
아임 슈어~ 잇 윌 헬프
아마 도움이 될 거야.

B : Thank you.
땡큐
고마워.

단어

- done [dʌn] 「던」: 끝난, 마친 * Are you done ? 이란 말은 (끝났습니까?)(다됐습니까?)라는 관용어구
- use [ju:s] 「유-즈」: 쓰다, 사용하다.
- yet [jet] 「옛」: (부정문에서)아직, (의문문에서)이미, 벌써
- afraid [əfréid] 「어프레이드」: 두려워하는, 걱정하는 * I'm afraid :유감으로 생각하다 (부드러운투)
- finally [fáinəli] 「파이널리」: 최후로, 드디어

1) **다음 우리말을 영어로 바꿔 쓰시오.**

(1) 이 근처에 공원이 있습니까? 예, 있습니다.

→ ______________________ → ______________

(2) 냉장고 안에 우유가 있습니까? 아니오, 없습니다.

→ ______________________ → ______________

(3) 나는 내일 LA에 갈 예정입니다.

→ ____

(4) 그는 자기 방에서 무엇을 하고 있습니까?

→ ____

그는 TV를 보고 있습니다.

→ ____

(5) 당신들은 지금 무엇을 하고 있습니까?

→ ____

우리는 지금 야구를 하고 있습니다.

→ ____

(6) 그녀는 피아노를 가지고 있지 않습니까? 예, 가지고 있지 않습니다.

→ ______________________ → ______________

(7) 그들은 부지런하지 않습니까? 예, 부지런하지 않습니다.

→ ______________________ → ______________

(8) 그는 열심히 공부하지 않습니까? 아니오, 열심히 공부합니다.

→ ______________________ → ______________

2) **다음 문장을 ( )안에 지시대로 바꿔 쓰시오.**

(1) Is there much sugar on the table ?

(부정대답으로) → ______________________

(긍정대답으로) → ______________________

(2) Mary walks with Ann.

(현재진행형으로) → ______________________

(3) Are you working now ?

(긍정대답으로) → ______________________

(4) Isn't John kind ?

(친절하지 않음) → ______________________

(5) Doesn't he have a piano ?

(친절하지 않음) → ______________________

3) 다음 (　　　)안에 알맞은 말을 넣으시오.

(1) (　　　　) there many potatoes there ?

(2) There is (　　　　) milk in the refrigerator.

(3) Jane (　　　　) sitting on the bench.

(4) (　　　　) you studing English ?

(5) They (　　　　) walking in the park.

4) 다음 문장을 현재진행형으로 바꿔 쓰시오.

(1)I read a book.

→ ________________________________

(2) I ride a horse.

→ ________________________________

(3) She watches TV.

→ ________________________________

(4) He listens to music.

→ ________________________________

(5) They swim in the river.

→ ________________________________

Unit 22.

was , were, had, did, played... (과거형 동사)

Reading Point

1) (a) Is he rich ?
이즈 히- 리치
그는 부자입니까 ?

(b) Yes, he is.
예스 히- 이즈
예, 그렇습니다.

(c) Was he poor ?
워즈 히- 푸어~
그는 가난했습니까 ?

(d) Yes, he was.
예스 히- 워즈
예, 가난했습니다.

2) (a) Are you in the house on Sunday ?
아~ 유 인 더 하우스 온 썬디
당신은 일요일에 집에 있습니까?

(b) Yes, I am.
예스 아이 앰
예, 그렇습니다.

(c) Were you in the house last Sunday ?
워~ 유- 인 더 하우스 래스트 썬디
당신은 지난 일요일에 집에 있었습니까?

(d) Yes, I was.
예스 아이 워즈
예, 집에 있었습니다.

3) (a) Where is Ann's mother ?
훼어 이즈 앤스 머더~
앤의 어머니는 어디에 계십니까?

(b) She is in the church.
쉬 이즈 인 더 처~치
그녀(앤의어머니)는 교회에 계십니다.

(c) Where was Ann's mother last night ?
훼어 워즈 앤스 머더~ 래스트 나이트
앤의 어머니는 어젯밤 어디에 계셨습니까?

(d) She was in the church.
쉬 워즈 인 더 처~치
그녀는 교회에 있었습니다.

4) (a) Does she often come here ?
더즈 쉬 오-펀 컴 히어~
그녀는 여기에 자주 옵니까?

(b) No, she doesn't.
노우 쉬 더즌트
아니오, 그렇지 않습니다.

(c) Did she often come here ?
디드 쉬 오-펀 컴 히어
그녀는 여기에 자주 왔습니까?

(d) No, she didn't.
노우 쉬 디든트
아니오, 자주 오지 않았습니다.

5) (a) He was born on Dec. 31st.
히 워즈 보온 온 디쎔버~ 서~티퍼스트
그는 12월 31일에 태어났습니다.

(b) Was he born on Dec. 31st ?
워즈 히- 보온 온 디쎔버~ 서~티퍼스트
그는 12월 31일에 태어났습니까?

(c) Wasn't he born on Dec. 31st ?
워즌트 히- 보온 온 디쎔버~ 서~티퍼스트
그는 12월 31일에 태어나지 않았습니까?

(d) No, he wasn't. He was born on Jan. 1 in 1982.
노우 히- 워즌트 히 워즈 보온 온 재뉴어리 퍼스트 인 나이틴 에이티 투
예, 그렇습니다. 그는 1982년 1월1일에 태어났습니다.

6) (a) They play soccer in the afternoon.
데이 플레이 싸커~ 인 디 애프터~누운

그들은 오후에 축구를 합니다.

(b) They played soccer in the afternoon.
데이 플레이드 싸커~ 인 디 애프터~누운

그들은 오후에 축구를 했습니다.

(c) Did they play soccer in the afternoon ?
디드 데이 플레이 싸커~ 인 디 애프터~누운

그들은 오후에 축구를 했습니까?

(d) Yes, they did.
예스 데이 디드

예, 그렇습니다.

New Words

- rich [ritʃ] 「리치」: 부유한, 돈 많은, 풍부한
- poor [puər] 「푸어~」: 가난한
- were [wəːr] 「워~」:be동사(are)의 과거형 동사
- church [tʃəːrtʃ] 「처~치」: 교회
- was [wəz] 「워즈」: be동사(am, is)의 과거형 동사
- Sunday [sʌ́ndi] 「썬디」: 일요일
- last [læst] 「래스트」: 지난, 최후의
- often [ɔ́ːfən] 「오-펀」: 자주, 종종
- did [did] 「디드」: do(하다, 행하다)의 과거형 동사 * didn't : did not 의 단축형
- born [bɔːn] 「보온」: (be동사와 함께하여) be born – 태어나다.
- Dec. : December(12월)의 약자
- * wasn't : was not 의 단축형
- Jan. : January(1월)의 약자
- played : play (놀다, 경기하다)의 과거형 동사
- soccer [sákər] 「싸커~」 축구

단원 해설

이번 22단원은 과거동사를 중심으로 한 시제(Tense)에 관한 문형이다.

시제(Tense)란 주로 동사의 '과거','현재','미래'의 행위.상태의 시간관계를 나타내는 것으로, 이를테면 현재의 일은 '현재시제'로, 또한 과거의 일은 '과거시제'로, 그리고 앞으로 다가올 미래의 일은 '미래시제'로 나타낸다.

다시말해서 시제(Tense)란, 현재 무슨 일이 일어나고, 이미 무슨 일이 있어났으며, 또 무슨 일이 일어날 것인지, 동작이 발생하는 시간범위를 나타내는 것이라고 보면 된다.

요점 정리

1) (a) be동사의 의문문, 현재형

긍정문인 He is rich. 가 의문문으로 바뀐 문형.

(b) (a)에 대한 답변이기 때문에, Yes, he is. 로 대답함.

(c) be동사의 의문문, 과거형

긍정문인 He was poor. 가 의문문으로 바뀐 문형.

* is (현재) - was (과거)

(d) (c)에 대한 답변이기 때문에 was 다음의 poor가 생략됨.

2) (a) be동사의 의문문, 현재형

긍정문인 You are in the house on Sunday. 가 의문문으로 바뀐 문형.

* 여기서 'on'을「~에」라는 뜻.

다시 말해서 'on'은 정확히 정해진 때 (날짜, 요일 등)를 나타낼 때 쓰인다.

(b) (a)에 대한 답변이기 때문에, I am 다음의 in the house on Sunday 가 생략됨.

(c) be동사 과거형 의문문

긍정문인 You were in the house last Sunday. 가 의문문으로 바뀐 문형.

* are(현재) - were (과거)

* be동사의 과거형인 were와, last Sunday(지난일요일)가 '시제일치'를 이루고 있음을 유념해 두기 바란다.

* in the house : 집에(집안에)

* last Sunday : 지난 일요일

(d) (c)에 대한 답변이기 때문에, was 다음의 문장이 생략됨.

3) (a) Where (의문사)의 의문문 현재형

(b) (a)에 대한 답변 * in the church : 교회에

(c) 의문사 의문문, 과거형

* last night : 지난밤

* was(is, am의 과거형)와, last night 가 '시제일치'를 이루고 있음을 유념하기 바람.

(d) (c)에 대한 답변

4) (a) 일반동사의 의문문, 현재형

긍정문인 She often comes here.가 의문문으로 바뀐문형.

* 여기서 현재동사인 'come'에 왜 '~s'가 붙었는지 아시겠죠?

* often(자주)은 앞에서도 설명했듯이 '빈도부사'이다

이렇듯 often이나 always(항상)등 빈도부사가 일반동사와 함께 쓰일때에는 그 동사 앞에 놓여 이를 꾸며 주고, be동사와 함께 할 때에는 그 뒤에 놓여져 그 be동사를 도와 준다.

(b) (a)에 대한 답변

(c) 긍정문인 She often came here.가 의문문으로 바뀐 문형

* do/does(현재) - 공통으로 did (과거형 동사), 조동사 did 다음 원형동사 come을 쓴다.

(d) (c)에 대한 답변이기 때문에 'didn't'다음이 생략됨

* didn't = did not

5) (a) 긍정문 과거형

* Dec. : December (12월)의 약자

* 31st : the thirty - first의 약자

* on Dec. 31st. : 12월 31일에

(b) be동사 의문문, 과거형

긍정문인 He was born on Dec. 31st.가 의문문으로 바뀐 문형

(c) 부정의문문 과거형

부정문인 He was not born on Dec. 31st.가 의문문으로 바뀐 문형

(d) (c)에 대한 답변

* Jan. : January(1월)의 약자

6) (a) 긍정문 3인칭 복수 현재형

* in the afternoon : 오후에

(b) 긍정문 3인칭 복수 과거형

* play(현재) - played(과거)

(c) 의문문 3인칭 복수 과거형. 조동사 'did' 뒤에 원형동사 'play'를 쓴다.

(b)의 문장이 의문문으로 바뀐 문형

(d) (c)에 대한 답변이기 때문에 'did'다음이 생략됨.

문법 코너

[규칙]

▶ 동사는 '원형', '과거', '과거분사'의 3가지 형태로 바뀐다.

▶ 또한 동사는 그때그때의 필요에 따라서 '현재형', '현재분사' 및 '규칙적 · 불규칙적인 과거동사'의 형태로 바뀐다.

((참고사항))

◑동사의 과거형

1) be동사의 과거.과거분사

(1) am. is (현재) - was (과거) - been (과거분사)

(2) are (현재) - were (과거) - been (과거분사)

2) 일반동사 및 조동사의 과거. 과거분사

(1) have. has (현재) - 공통으로 had(과거) - had (과거분사)

(2) do.does (현재) - 공통으로 did(과거) - done(과거분사)

(3) can (현재) - 공통으로 could (과거) - 과거분사는 없음

(4) 규칙동사

규칙동사의 과거.과거분사는 '원형'에 「~(e)d」만 붙이면 된다.

① 대부분의 '원형동사'끝에 「ed」를 붙인다.

· play - played - played

· want - wanted - wanted

② '~e'로 끝나는 동사(원형)는 그 끝에 「~d」를 붙인다.

· like - liked - liked

· love - loved - loved

③「자음+y」로 끝나는 동사는 'y', 'i'로 고친다음 「~ed」를 붙인다.

· study - studied - studied

· cry - cried - cried

④「단모음+자음」으로 끝나는 동사는 자음을 한번 더 겹쳐 쓴 다음 「~ed」를 붙인다.

· stop - stopped - stopped

(5) 불규칙 동사

불규칙 동사는 다음과 같이 '4가지'형태로 분류할 수 있다.

① A-B-C형 : be(am, is, are) - was. were - been

· do.does - did - done · see - saw - seen

② A-B-B형 : read[ri:d] - read[red] - read[red]

· say - said - said

③ A-B-A형 : come - came - come

· run - ran - run

④ A-A-A형 : cut - cut - cut

· hit - hit - hit

※ 불규칙동사에 대해서는 본 책자 뒤편 '불규칙동사 변화 일람표'를 참조하기 바람.

Dialogue 16

▶미술관을 관람하다

A : Where did you go yesterday ?
훼어~ 디드 유- 고우 예스터~디
당신은 어제 어디에 갔었습니까?

B : I visited the art museum.
아이 비지티드 디 아-트 뮤지엄
미술관에 갔었습니다.

A : Did you have a good time ?
디드 유 해브 어 굿 타임
즐거운 시간을 가졌습니까?

B : Yes, I did.
예스 아이 디드
예, 즐거웠습니다.

A : Did you see the works of Renoir ?
디드 유- 씨- 더 워~크쓰 업 르느와르
르느와르의 작품을 보셨습니까?

B : Sure, I did.
슈어, 아이 디드
물론, 봤습니다.

단어

- yesterday [jéstərdi] 「예스터~디」: 어제
- visited [vízitid] 「비지티드」: visit (방문하다)의 과거형
- art [a:t] 「아-트」: 예술, 미술
- museum [mju:zíəm] 「뮤-지엄」: 박물관, 미술관 * the art museum : 미술관
- work [wə:rk] 「워~크」: 일, 노동, 작품 * the works of Renoir : 르느와르 작품
- sure [ʃuər] 「쉬어~」: 확신하는, 물론

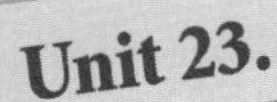

Unit 23. He has lived in Seoul for five years.

Reading Point

1) (a) He lived in Seoul for five years.

히 리브드 인 서울 퍼~ 파이브 이어~즈

그는 5년 동안 서울에서 살았다.(현재는 서울에 살지 않음)

(b) He has lived in Seoul for five years.

히- 해즈 리브드 인 서울 퍼~ 파이브 이어~즈

그는 5년 동안 서울에서 살아 왔다.(현재도 살고 있음)

2) (a) They arrive here this afternoon.

데이 어라이브 히어~ 디스 애프터~누운

그들은 오늘 오후 여기에 도착한다.

(b) They arrived here yesterday.

데이 어라이브드 히어~ 예스터~디

그들은 어제 여기에 도착했다.(지금은 이곳에 없다)

(c) They have just arrived here.

데이 해브 저스트 어라이브드 히어~

그들은 이제 막 여기에 도착했다.(그래서 이곳에 있다)

3) (a) I have met him before.

아이 해브 메트 힘 비포어~

나는 전에 그를 만난 적이 있다.

(b) Have you ever met him ?
해브 유- 에버~ 메트 힘
당신은 그를 만난 적이 있습니까?

(c) I have never met him.
아이 해브 네버~ 메트 힘
나는 그를 만난 적이 없다.

4) (a) He went to Canada two years ago.
히- 웬트 투- 캐나다 투- 이어~즈 어고우
그는 2년 전에 캐나다에 갔다.

(b) He has gone to Canada.
히- 해즈 고온 투- 캐나다
그는 캐나다로 가버렸다.

(c) He has been to Canada.
히- 해즈 빈 투- 캐나다
그는 캐나다에 갔다 온 적이 있다.

5) (a) I have been to Paris twice.
아이 해브 빈 투- 패리스 트와이스
나는 파리에 두 번 갔다 온 적이 있다.

(b) I have just been to the library.
아이 해브 저스트 빈 투- 더 라이브러리
나는 막 도서관에 갔다 왔다.

(c) I have visited New York before.

아이 해브 비지디드 뉴욕 비포어~

나는 전에 뉴욕에 가본 적이 있다.

(d) He has been in Japan for three years.

히- 해즈 빈 인 저팬 퍼~ 쓰리 이어~스

그는 3년 동안 일본에 살고 있다.

New Words

- living [living] 「리빙」 : live (살다)의 현재분사
- year [jiər] 「이어~」 : 해, 년도
- lived [livd] 「리브드」 : live의 과거. 과거분사
- arrived [əráivd] 「어라이브드」 : arrive(도착하다)의 과거.과거분사
- just [dʒʌst] 「저스트」 : 지금 막, 방금
- met [met] 「메트」 : meet(만나다)의 과거.과거분사
- before [bifɔ́ər] 「비포어~」 : (~의)전에, 앞에
- ever [évər] 「에버~」 : 언젠가, 지금까지
- never [névər] 「네버~」 : 지금까지 ... 않다.
- went [went] 「웬트」 : go(가다)의 과거형
- ago [agóu] 「어고우」 : 전에, 옛날에
- gone [gɔ:n] 「곤」 : go의 과거분사
- been [bin] 「빈」 : be(am, is, are)의 과거분사
- twice [twais] 「트와이스」 : 두 번, 2회
- libray [láibrei] 「라이브레리」 : 도서관

Grammar

A Talk

Exercise

단원 해설

영어에서는 우리말과는 달리 '완료'라는 것이 있다.

이를테면, 본문 1)번의 (c)처럼 「그는 5년동안 서울에서 살아 왔다. (He has lived in Seoul for five years.)라고 했을 때 바로 지난 5년 동안이 '과거'이고 또한 지금도 살아오고 있으니까 '현재'의 일도 된다.

그같은 표현이 바로 '현재완료'이다.

이처럼 '완료'는 한 문장 안에서 '현재'와 '과거'-(현재완료), 또는 '과거'와 '더 먼과거'-(과거완료)를 동시에 나타낸다.

그러니까 '현재완료'는 위의 보기에서처럼 '현재'를 기점으로 해서 '과거'일까지를 〈have(has)+과거분사〉형식으로 나타내며, '과거완료'는 현재완료와는 달리 과거의 어느 때를 기점으로 해서 그보다 더 먼 과거의 일을 〈had+과거분사〉형식으로 나타낸다.

※'과거완료'에 대한 설명은 추후에 나올 '제2권'을 참조하기 바람.

요점 정리

1) (a) 현재완료진행형

* 현재완료(has lived)가 진행형 (be + living)과 합쳐져 'has been living'이 됨.

(b) 과거형 긍정문

· live (현재) - lived (과거) - lived (과거분사)

(c) 현재완료 긍정문 ... (~해오고 있다) - '계속'을 나타냄

· 〈has + lived〉 : 「살아 왔다 - 살아오고 있다」

* 여기서 for는 〈for +기간〉형식의 부사구로 '계속'을 나타냄

for는 여기서 「~동안」의 뜻.

2) (a) 현재형 긍정문

* 미래를 나타내는 부사구와 함께 현재형이 미래의 의미를 나타내기도 한다.

(b) 과거형 긍정문

· arrive (현재) - arrived (과거) - arrived (과거분사)

(c) 현재완료형 긍정문 ... (지금 막 ~하였다) - '완료'를 나타냄

· 〈have (has) + arrived 〉: 지금 막 도착하였다.

* 도착은 과거에 했으나 지금은 이곳에 있으므로 현재오 관련됨

* 부사인 just 또는 already(이미)는 '완료'를 나타낼 때 흔히 쓰이며, have(has)와 과거분사 사이에 온다.

3) (a) 현재완료형 긍정문 ... (~한 적이 있다) - '경험'을 나타냄

· have met (before) : 「~전에 만난 적이 있다」

meet (현재) - met (과거) - met (과거분사)

(b) 현재완료형 의문문

* 현재완료형 의문문은 have(has)를 문장 맨 앞으로 끌어내면 된다. 답변은 (Yes, ~ have(has)) 또는 「No, ~haven't(hasn't)」로 하면 된다.

* ever는 문장 가운데에 오는 부사로, 「언젠가, 지금까지」의 뜻으로 '의문문'에 쓰인다.

(c) 현재완료형 부정문

* never 대신에 not을 넣어 'I have not met him.'으로 표현해도 된다.

* 여기서 never는 ever와 마찬가지로 문장 가운데에 오는 부사로 「한번도 ~않다, 지금까지 ~않다」의 뜻으로 부정문에 쓰인다.

4) (a) 과거형 긍정문

* go (현재) - went (과거)

· two years ago : 2년 전

* 여기서 ago는 '현재'로부터 「~전(에)」의 뜻으로, 언제나 동사의 과거형과 함께 쓰이며 '완료형'에는 쓰지 않는다.

(b) 현재완료형 긍정문 ...「~해버렸다」- '결과'를 나타낸다.

· has gone :「가버렸다」. 즉 캐나다로 가버리고 지금도 캐나다에 있기 때문에 이곳에 없다는 의미.

(c) 관용어구인 현재완료형(have been to)형식의 문장

· have been to : (경험)「~한 적이 있다」(완료)「갔다 왔다」의 두가지 뜻으로 쓰인다.

· twice : 두 번에 걸쳐서

5) 이번 5)번은 현재완료형 관용어구인 'have been to'와 'have been in'에 관한 문형이다.

(a) '경험'을 나타내는 현재완료형

· have been to :「~에 갔다 온 적이 있다」

(b) '완료'를 나타내는 현재완료형

· have just been to :「막 ~에 갔다 왔다」

(c) '경험'을 나타내는 현재완료형

· have been in :「~에 있은 적이 있다」

(d) '계속'을 나타내는 현재완료형

· has been in :「~에 있어 왔다」

문법 코너

▶ 현재완료는 〈have(has) + 과거분사〉형식으로 나타낸다.

▶ 현재완료의 부정문은 have(has)뒤에 not을 붙이면 되고, 현재완료의 의문문은 have(has)를 문장 맨 앞에 두면 된다.

((참고사항))

◑ 현재완료에 쓰이는 부사(구)

1) '계속' 즉「~해오고 있다」의 뜻을 나타낼 때 쓰이는 부사.

(a) for – (for + 기간) : 「~동안」

· for five years : 5년 동안

· for a week : 일 주일 동안

(b) since – (since + 과거의 어떤 시점) : 「~이래로, 지금까지」

· He has been busy since then.

(그는 그 이래로 계속 바빴고 지금도 바쁘다.)

(c) 그 밖의 부사(구)

· always (항상), all day (하루 종일) all this week (이번주 내내)

2) 경험, 즉 「~한 적이 있다」라는 뜻을 나타낼 때 쓰이는 부사

· before 외에 ever, often, 등은 have와 과거분사 사이에 둔다.

(a) before : 「전에」

· I have read this book before.

(나는 전에 이 책을 읽은 적이 있다.)

(b) ever : 「언젠가, 지금까지」

· Have you ever visited London ?

(당신은 런던을 방문한 적이 있습니까?)

(c) never : 「지금까지 ~않다. 한번도 ~가 아니다」

· I have never met him.

(나는 그를 만난 적이 없다)

(d) often : 「자주, 종종」

· How often have you been there ?

(당신은 거기에 몇 번이나 갔습니까?)

3) 완료, 즉 「~막 하였다」의 뜻을 나타낼 때 쓰이는 부사

· already, just 등은 have와 과거분사 사이에 오고, yet는 보통 문장 뒤에 온다.

(a) already : 「이미」

· The train has already arrived.

(그 기차는 이미 도착했다. 그리고 지금 이곳에 있다.)

(b) just : 「막, 방금」

· I have just arrived here.

(나는 막 여기에 도착했다.)

(c) yet : 부정문에서는 「아직」, 의문문에서는 「벌써」

· He has not arrived yet.

(그는 아직 도착하지 않았다)

· Have she left Seoul yet ?

(그녀는 벌써 서울을 떠났습니까?)

▶공항에 마중나가다

A : Welcome home Carol !
웰컴 홈 캐럴
어서 와 캐럴 !

I'm glad you arrived in one piece.
아임 글레드 유- 어라브드 인 원 피-스
무사히 도착해서 기뻐.

※ in one piece : 「무사히 ~하다」, 또는 「안전하게 ~하다」라고 말할 때의 관용어구.
'in one piece'는 safely와 같은 의미로, 영어에서는 일상적인 표현입니다.
정식으로는 'I'm glad you arrived safely.'라고 말합니다.

B : So am I.
쏘우 앰 아이
나도 그래.

A : How was your trip around the world ?
하우 워즈 유어~ 트립 어라운드 더 월드
세계일주 여행은 어땠어?

B : Just splendid!
저스트 스플렌디드
너무 멋있었어.

A : I wish I could have joined you.
아이 위쉬 아이 쿠드 해브 조인드 유-
너와 같이 있었으면 좋았을걸 그랬어.

B : Yes, I'd have enjoyed it even more with you.
예스 아이드 해브 인조이드 잇 이번 모어~ 위드 유-
그러게, 너와 같이 있었으면 더 재미있었을텐데 말이야.

단어

- welcome [wélkəm] 「웰컴」: 환영, 환대
- piece [pi:s] 「피스」: 조각, 일부분 * in one piece : 「무사히 ~하다」. safely 와 같은 의미
- trip [trip] 「트립」: 여행
- around [əráun] 「어라운드」: 주위에, 빙돌아서 * trip aroun the world : 세계일주여행
- splendid [splendid] 「스플렌디드」: 화려한, 멋진
- wish [wiʃ] 「위시」: ~이기를 바라다, 희망하다
- could [kud] 「쿠드」: ~할 수가 있었다,can의 과거형
- joined [dʒɔinid] 「조인드」: join(결합하다)의 과거형
- enjoyed [indʒɔid] 「인조이드」: 즐기다. enjoy의 과거형

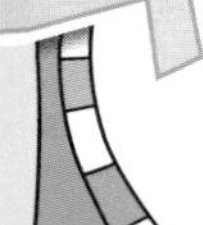

Unit 24. will, shall 등 미래형 조동사

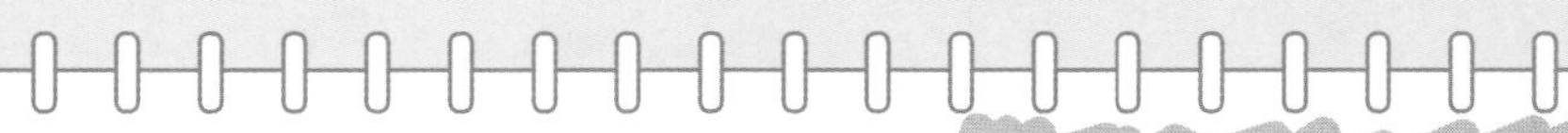

Reading Point

1) (a) He will come here today.
히- 월 컴 히어~ 터데이
그는 오늘 여기에 올 것이다.

(b) He will not come here today.
히 월 낫 컴 히어~ 터데이
그는 오늘 여기에 오지 않을 것이다.

(c) Will he come here today ?
월 히- 컴 히어~ 터데이
그는 오늘 여기에 올까?

(d) Yes, he will.
예스 히 월
응, 올 거야.

2) (a) It will rain tomorrow.
잇 월 레인 터마로우
내일 비가 올 것이다.

(b) Will it rain tomorrow ?
월 잇 레인 터마로우
내일 비가 올까?

(c) Won't it rain tomorrow ?
워운트 잇 레인 터마로우
내일 비가 안올까?

(d) No, it won't.
노우 잇 워운트
응, 안 올 거야.

3) (a) Do you go to Busan tomorrow morning ?
두- 유- 고우 투- 부산 터마로우 모어~닝
너는 내일 아침 부산에 가니?

(b) You shall go to Busan tomorrow morning.
유- 쉘 고우 투- 부산 터마로우 모어~닝
네가 내일 아침 부산에 가도록 하겠다.
= I will let you go to Busan.

(c) Will you go to Busan tomorrow morning ?
윌 유- 고우 투 부산 터마로우 모어~닝
너는 내일 아침 부산에 갈 생각이냐?

(d) Yes, I will.
예스 아이 윌
응, 갈 거야

4) (a) I will close the door.
아이 윌 클로우즈 더 도어~
문을 닫겠다.

Grammar
A Talk
Exercise

(b) Shall I close the door ?
쉘 아이 클로우즈 더 도어~

문을 닫을까요?

= Do you want me to close the door?

(c) No, thank you.
노우 쌩큐

아니오, 괜찮습니다.

5) (a) He shall go there. = I will let him go there.
히- 쉘 고우 데어~ 아이 윌 레드 힘 고우 데어~

그가 거기에 가도록 하겠다.

(b) Shall he go there ?
쉘 히 고우 데어~

그를 거기에 가게 할까요?

= Do you want me to make him go there?

(c) Yes, please.
예스 플리-즈

예, 부탁합니다.

6) (a) I am going to visit Mr. Kim this afternoon.
아이 엠 고잉 투 비지트 미스터~김 디스 애프너~누운

나는 오늘 오후 미스터 김을 방문하려고 한다.

(b) I will visit Mr. Kim this afternoon.
아이 윌 비지트 미스터~김 디스 애프터~누운

나는 오늘 오후 미스터 김을 방문할 생각이다.

(c) Will you visit Mr. Kim this afternoon ?
월 유- 비지트 미스터~김 디스 애프터~누운
당신은 오늘 오후 미스터 김을 방문하겠습니까?

7) (a) You have to go there today.
유- 해브 투- 고우 데어~ 터데이
당신은 오늘 거기에 가야 한다.

(b) You will have to go there today.
유 윌 해브 투 고 데어~ 터데이
당신은 오늘 거기에 가야 할 것이다.

(c) Will you have to go there today ?
윌 유 해브 투- 고우 데어~ 터데이
당신은 오늘 거기에 꼭 가야 하겠습니까?

8) (a) I would like to see her.
아이 우드 라이크 투- 씨- 허~
나는 그녀를 보고싶다.

(b) I would like him to help me.
아이 우드 라이크 힘 투- 헬프 미
나는 그가 나를 도와주면 좋겠다.

(c) Would you like a cup of tea ?
우드 유- 라이크 어 컵 어브 티
차 한잔 하시겠어요?

Grammar

A Talk

Exercise

단원 해설

이번 unit 24는 미래형에 관한 문장으로 이루어져 있다.

미래는 will과 shall 및 be going to 등을 써서 그 의미를 나타낸다.

미래형에는 「~가 될것이다」라는 단순한 뜻의 '단순미래'와, 「~을 할 작정이다, ~하겠다」라고 하는 마음속 의지를 나타내는 '의지미래'가 있다.

이것을 좀더 알기 쉽게 다시 설명하자면 '동작 · 상태 · 예정'등을 나타내는 것으로써 시간이 지나면 자연히 「~할(될)것이다」라는 뜻의 '단순미래형'과, 말하는 사람의 '결심이나 의지'를 나타낼 때 또는 '상대방의 의지'를 물어볼 때 쓰는 '의지형 미래'이다.

아무쪼록 인칭에 따른 shall과 will 의 사용법에 혼동이 없기를 바란다.

요점 정리

1) (a) 단순미래형 긍정문

〈 He will + 동사원형(come)~〉

* 단순미래란 앞에서도 설명했듯이 미래의 동작, 상태, 예정 등을 나타내는 것으로 「~할(될)것이다」라는 뜻의 단순미래를 말한다.

(b) 단순미래형 부정문

〈 He will not + 동사원형(come) ~.〉

(c) 단순미래형 의문문

〈 Will he + 동사원형(come) ~ ?〉

New Words

- will [wil] 「윌」 : (서술문 단순미래에서) ~하게 될 것이다, ~할 것이다. (의지미래에서) ~하겠다, (의문문 단순미래에서) ~하게 되느냐?
- rain [rein] 「레인」 : 비, 비가 오다

* won't : will not 의 단축형

- shall [ʃæl] 「쉘」 : (서술문 단순미래에서) ~일 것이다, (의지미래에서) ~할 작정이다. (의문문 단순미래에서) ~할까? ~일까?
  (의지미래에서) ~을 할까? ~하게 할까?
- close [klouz] 「클로우즈」 : 닫다, 닫히다
- door [dɔər] 「도어~」 : 문, 출입구
- again [əgén] 「어겐」 : 다시
- let [let] 「레트」 : ~에게 시키다, ~하게 해주다
- please [pli:z] 「플리-즈」 : 기쁘게 하다, 미안하지만
- visit [visit]「비지트」 : 방문하다
- would [wud] 「우드」 : will 의 과거형
- help [help] 「헬프」 : 돕다, 거들다

(d) (c)에 대한 답변

미래형 의문문에 대한 답변이기 때문에, Yes, he will.로 끊어서 대답한다.

2) (a) 단순미래형 긍정문

* 여기서 'it'은 날씨 등을 나타내는 '비인칭주어.'

(b) 단순미래형 의문문

(c) 단순미래형 부정의문문

(d) 부정의문문에 대한 답변은 반대로 해서 대답해야 하므로, No, it won't.(응, 그럴 거야)가 된다.

3) (a) 일반동사의 현재형 의문문

* come, go, start, arrive 등 왕래발착동사는 현재형이 미래의 의미를 나타내기도 한다.

· tomorrow morning : 내일 아침

(b) 의지미래형 긍정문

〈 You shall + 동사원형(go) ~.〉

* 여기서는 말하는 사람, 즉 I의 '의지'를 나타냄.

* 의지미래란 앞의 설명에서도 언급했듯이 의지를 나타내는 미래형을 말한다. 여기서는 「내가~하도록 하겠다」는 뜻의 의지미래.

(c) 의지미래형 의문문

〈 Will you + 동사원형(go) ~ ?〉

* 여기서는 주어 'you'의 의미미래.

(d) (c)에 대한 답변이기 때문에, will 이하의 글은 생략됨.

4) (a) 의지미래형 긍정문

〈 I will + 동사원형(close)~ .〉

* 여기서는 말하는 사람, 즉 'I'의 의지를 나타냄.

(b) 의지미래형 의문문

〈 Shall I + 동사원형(close) ~ ?〉

* 상대방(you)의 의지를 묻는 의문문

(c) 부드럽게 거절할 때 보통 쓰는 말

5) (a) 의지미래형 긍정문

〈 He shall + 동사원형(go) ~.〉

* 본문에서처럼, I will let him go there. 와 같은 내용의 뜻임을 유의하기 바란다.

(b) 의지미래형 의문문

〈 Shall he + 동사원형(go) ~ ?〉

* (내가 그를)「~가게 할까요?」라고 상대방의 의지(의향)를 묻는 의문문

(c) 정중하게 부탁하는 형식의 대답

6) 미래형에는 will, shall외에도 'be going to' 형식이 있다.

'be going to'는 가까운 미래를 나타낼 때 또는 마음속 의지를 나타낼 때 will, shall을 이용한다.

* be going to (~하려고 하다) 뒤에는 반드시 '동사원형'이 온다.

(a) 마음속 의지를 나타내는 미래형 긍정문

* 여기서는 'I'의 'be동사'가 'am'이기 때문에 (am going to)가 된 것이다. 물론 be동사는 주어에 따라 그때그때 am, is, are로 바뀐다는 점을 유의하기 바란다.

(b) 위의(a)와 같은 뜻의 의지미래형 긍정문

* I will visit. (나는 방문하겠다)

= I am going to visit. (나는 방문하려고 한다.)

· this afternoon : 오늘 오후

(c) 의지미래형 의문문

〈 Will you + 동사원형(visit) ~ ?〉

*「~을 방문하겠습니까?」라고 상대방 의지를 묻는 의문문

7) (a) must(해야한다)대용으로 쓰인 'have to'

* must 는 과거형, 미래형, 완료형이 없다.

(b) have to 형식의 미래형 긍정문

* 조동사는 한 문장에서 2개를 겹쳐 쓸 수 없기 때문에, You will must ~.라 하지 않고, You will have to ~.라고한 것이다.

(c) have to 형식의 미래형 의문문

8) (a) 「~하고 싶다」라는 표현으로 'would(should) like to ~ '라는 형식을 보통 많이 쓴다.

(b) him은 목적어 to help는 목적보어.

(c) would는 will의 과거형이다. 그러나 이런 문형에서는 비록 모양은 과거형이라도 실제로는 현재형으로 쓰인다는 걸 유의하기 바란다.

아무튼 이같은 표현에는 Will you ~? 형식보다는 Would you ~ ?형식이 더 겸손하면서도 정중한 표현이다.

문법 코너

[규칙]

▶ 미래(Future tense)는 will, shall이나 be going to 등을 써서 나타낸다. 그러나 go, come, start, arrive, leave, begin등과 같은 동사는 문장의 의미가 설사 미래의 일이라도 그냥 '현재형동사'를 쓴다.

((참고사항))

미래형에는 그냥 단순히 「~할 것이다」라는 뜻의 '단순미래'와, 「~하겠다 (~할 작정이다)」라는 마음속 의지를 나타내는 '의지미래'가 있다.

1) be going to

* be going to 라고 해서 「가다(go)」의 뜻이 아님을 유의하기 바란다.

(1) 가까운 미래를 나타낸다.

· It is going to rain. (비가 올 것 같다.)

(2) 마음속 의지를 나타낸다.

· I'm going to go to New York. (나는 뉴욕에 갈 예정이다.)

2) will, shall

(1) will, shall은 다음과 같은 형식으로 쓰인다.

① 〈will, shall + 동사원형〉 ... [긍정문]

I will be rich next yeas.

(나는 내년에 부자가 될 것이다.)

② 〈will, shall + not + 동사원형〉 ... [부정문]

He will not meet you.

(그는 당신을 만나지 못할 것이다.)

③ 〈will, shall + 주어 + 동사원형 ~?〉 ... [의문문]

Shall I open the window ?

(창문을 열까요?)

(2) 단순미래

단순미래란, 단순한 미래의 「동작,상태,예정」등을 나타내는 것으로써 시간이 지나면 자연히 「~할(될)것이다」라는 뜻.

(3) 의지미래

의지미래는 말하는 당사자의 '결심'이나 '의지'를 나타낼 때, 그리고 상대방의 '의지'나 '생각'을 물어볼 때 쓰인다.

◑ would, should 의 용법

1) would (will 의 과거형)

(1) 과거의 불규칙적인 습관을 나타낸다. .... 「~하곤 하였다」

He would often be late.

(그는 종종 지각하곤 하였다.)

(2) 정중한 부탁을 할 때 ...「~해 주시겠습니까?」

Would you close the window ?

(창문을 닫아 주시겠습니까?)

(3) 간절한 희망 ...「~하고 싶다」

I would like to go to New York.

(나는 뉴욕에 가고싶다)

(4) 강한 거절을 나타낼 때 ...「~하려고 하지 않았다」

I would not go there today.

(나는 오늘 거기에 가려고 하지 않았다)

2) should (shall의 과거형)

(1) 의무, 당연함을 나타낼 때 ...「~해야한다」

We should be kind to our elders.

(우리는 어른들에게 친절해야 한다.)

(2) 간절한 희망 ...「~하고 싶다」

I should (would) like to see the girl.

(나는 그 소녀가 보고싶다)

※ 미국식 영어에서는 'would'를 주로 사용한다.

Dialogue 18

▶친구에게 일을 도와 달라고 부탁하다.

A : Would you do me a favor, John ?
우드 유- 두- 미 어 페이버, 존
존, 부탁이 있는데 ?

B : I'll be glad to if I can.What is it ?
아일 비 글래드 투- 이프 아이 캔 홧(왓) 이즈잇
내가 할 수 있는 일이라면 기꺼이 해줄게. 어떤일인데?

※ I'll be glad to if I can. : 다른 사람으로부터 무엇인가를 의뢰받았을 때, 「제가 할 수 있는 일이라면 기꺼이 하겠습니다.」라고 답변할 때 쓰는 말입니다.
부담없이 Sure. What is it?(좋아, 무슨일인데?) 라고도 합니다.
다만 엄밀히 말하면 「부탁이 있는데….」 라는 말을 듣고, 내용도 듣지 않고 「좋아!」라고 답할 수는 없기 때문에 「가능하면 기꺼이 하겠습니다.」라고 말하는 것이다.

A : Will you help me mow the lawn ?
월 유 헬프 미 모우 더 로온
잔디 깎는 일을 도와주지 않을래?

B : Sure. I enjoy doing chores around the house.
쉬어~ 아이 인조이 두잉 초어~스 어라운드 더 하우스
좋아. 집안일 하는 것을 좋아하니까.

A : Would you mind helping me clean the garage, too ?
우드 유- 마인드 헬핑 미 클린 더 거라-지 투-
내가 차고 청소하는 거 도와주는 것도 싫지 않지?

B : Not at all.
낫 엣 오올
전혀 싫지 않지.(= 당연히 도와줄게.)

단어

• favor [féivər]「페이버~」: 호의, 친절한 행위
* I'll be glad to if I can. :「제가 할수 있는 일이라면(가능하면) 기꺼이 하겠습니다」
다른사람에게 무엇인가를 부탁할 때 겸손하게 먼저 하는 말
• mow [mou]「모우」: (풀 등을) 베다
• lawn [lɔ:n]「로온」: 잔디, 잔디밭
• chores [tʃɔərs]「초어~스」: chore(자질구레한 일 – 잡일)의 복수형
• clean [klin]「클린」: 청결한, 깨끗한
• garage [gərá:ʒ]「거라~지」: (자동차)차고, 정비공장
* not at all :「조금도 ~ 않다」

1) 다음 긍정문을 기준으로 해서 (　　)안의 지시대로 바꿔 쓰시오.

(1) She studies English hard.

(a) (현재형 의문문으로-)

→ ______________________________

(b) (과거형 긍정문으로-)

→ ______________________________

(c) (과거형 의문문으로-)

→ ______________________________

(2) Min-ho was at Tae-soo's home yesterday.

(a) (과거형 의문문으로-)

→ ______________________________

(b) (과거형 부정문으로-)

→ ______________________________

(c) (위의 (b)에 대하여 '민호는 태수집에 있었다'로 대답)

→ ______________________________

(3) She often goes there.

(a) (현재형 의문문으로-)

→ ______________________________

(b) (과거형 의문문으로-)

→ ______________________________

(c) (b)에 대한 부정대답으로-

→ ______________________________

(4) John plays baseball.

(a) be going to 를 넣어 긍정문으로-

→ ______________________________

(b) be going to 를 넣어 부정문으로-

→ ______________________________

(c) be going to 를 넣어 의문문으로-

→ ______________________________

(5) He goes to Busan today.

(a) (단순미래형 긍정문으로-)

→ ______________________________

(b) (단순미래형 의문문으로-)

→ ______________________________

(c) (위의 (b)에 대한 긍정대답으로-)

→ ______________________________

(6)He can swim well.

(a) (will 을 넣어 긍정문으로-)

→ ______________________________

(b) (will 을 넣어 의문문으로-)

→ ______________________________

(c) (위의 (b)에 대한 긍정대답으로-)

→ ______________________________

(7) They come here by car.

(a) (단순미래형 긍정문으로-)

→ ______________________________

(b) (단순미래형 의문문으로-)

→ ______________________________

(c) (위의 (c)에 대한 부정대답으로-)

→ ______________________________

(8) He arrives here at seven.

(a) 미래형 긍정문으로-

→ ______________________________

(b) 현재완료형 긍정문으로-

→ ______________________________

(c) 현재완료형 부정문으로-

→ ______________________________

(9) She often come here.

(a) 현재완료 긍정문으로-

→ ______________________________

(b) ever를 넣어 의문문으로-

→ ______________________________

(c) 위의 (b)에 대한 부정대답으로-

→ ______________________________

2) 다음 ( )안의 동사를 ______에 바르게 고쳐 넣으시오.

(1) He _____ in school ysterday ... (be)

(2) What are you _____ to do this afternoon ? ... (go)

(3) _______ they play soccer last Sunday ?

(4) Did he _______ a piano ? ..... (has)

(5) I often _______ here last year. .... (come)

(6) He ____ English hard before that. ... (study)

* before that : 그 전에

(7) It will ________ fine tomorrow. ..... (is)

(8) Will she ______ able to run well ? ..... (is)

(9) I have ______ in Kwang-ju for a week. ..... (was)

(10) She has _____ a disigner. ..... (became)

3) 말(문장)이 되도록 다음 (　　)안에 알맞은 단어를 써 넣으시오.

(1) Where (　　　　) you yesterday ?

I was at the church.

(2) Did he live in Chang-dong last year ?

Yes, (　　　　) (　　　　)

(3) (　　　　) Min-ho study Japanese hard ?

Yes, (　　　　) did.

(4) Will she come home tomorrow ?

Yes, she (   )

(5) (   ) you help me ?

Yes, I will.

4) **다음 우리말을 영어로 바꿔 쓰시오.**

(1) 너는 작년에 몇 살이었느냐?

→ ______________________________

나는 12살이었습니다.

→ ______________________________

(2) 그는 토요일에 어디에 있었습니까?

→ ______________________________

그는 집에 있었습니다.

→ ______________________________

(3) 내일은 날씨가 좋을까요?

→ ______________________________

(4) 우리, 오늘 오후에 축구할까요?

→ ______________________________

(5) 당신은 파리를 방문한 적이 있습니까?

→ ______________________________

부록.

불규칙동사 변화표
EXERCISE 문제
해답편

■ 불규칙 동사 변화표

뜻(의미)	현 재	과 거	과거분사
(상태를 나타냄) ~이다,있다	am[ǽm] is [iz] are[ɑ́:r]	was[wáz] were[wə́:r]	been[bin]
~이[가]되다	become[bikʌ́m]	became [bikéim]	become[bikʌ́m]
시작하다	begin[bigín]	began[bigǽn]	begun[bigʌ́n]
부수다	break[bréik]	broke[bróuk]	broken[bróukən]
가져오다	bring[briŋ]	brought[brɔ:t]	brought[brɔ:t]
세우다,짓다	build[bild]	built [bilt]	built [bilt]
(물건을) 사다	buy[bai]	bought[bɔ:t]	bought[bɔ:t]
붙잡다	catch[kætʃ]	caught[kɔ:t]	caught[kɔ:t]
고르다	choose[tʃu:z]	chose[tʃouz]	chosen[tʃóuzn]
오다	come[kəm]	came[keim]	come[kəm]
자르다	cut[kət]	cut[kət]	cut[kət]
당기다	draw[drɔ:]	drew[dru:]	drawn[drɔ:n]
마시다	drink[dríŋk]	drank[dræŋk]	drunk [drəŋk]
운전하다	drive [draiv]	drove[drouv]	driven[drivn]
먹다	eat[í:t]	ate[eit]	eaten[i:tn]
떨어지다	fall[fɔ:l]	fell[fel]	fallen[fɔ́:ln]
먹이다	feed[fi:d]	fed[fed]	fed[fed]
느끼다	feel [fi:l]	felt[felt]	felt[felt]

뜻(의미)	현 재	과 거	과거분사
싸우다	fight[fáit]	fought[fɔ:t]	fought[fɔ:t]
발견하다	find[faind]	found[faund]	found[faund]
잊다	forget[fərgét]	forgot[fərgάt]	forgotten[fərgάtn]
날다	fly[flai]	flew[flu:]	flown[floun]
얻다	get[get]	got[gɑt]	gotten[gάtn]
주다	give[giv]	gave[geiv]	given[givən]
가다	go[góu]	went[went]	gone[gɔ:n]
자라다	grow[grou]	grew[gru:]	grown[groun]
가지다	have[hæv] has[hæz]	had[hæd]	had[hæd]
숨다	hide[haid]	hid[hid]	hidden[hídn]
쥐다,잡다	hold [hould]	held[held]	held[held]
알다	know[nou]	knew[nju:]	known[noun]
눕히다	lay[lei]	laid [leid]	laid [leid]
지도하다	lead [li:d]	led[led]	led[led]
떠나다	leave[li:v]	left[left]	left[left]
빌려주다	lend[lend]	lent[lent]	lent[lent]
시키다	let[let]	let[let]	let[let]
눕다	lie[lai]	lay[lei]	lain[lein]
잃다	lose[lu:z]	lost[lɔ:st]	lost[lɔ:st]
만들다	make[meik]	made[meid]	made[meid]

뜻(의미)	현 재	과 거	과거분사
만나다	meet[mi:t]	met[met]	met[met]
치르다	pay[pei]	paid[peid]	paid[peid]
놓다	put[put]	put[put]	put[put]
읽다	read[ri:d]	read[red]	read[red]
타다	ride[raid]	rode[roud]	ridden[ridn]
일어나다	rise [raiz]	rose[rouz]	risen[rizn]
달리다	run[rʌn]	ran[ræn]	run[rʌn]
말하다	say[sei]	said[sed]	said[sed]
보다	see[si:]	saw[sɔ:]	seen[si:n]
팔다	sell[sel]	sold[sould]	sold[sould]
보내다	send[send]	sent[sent]	sent[sent]
닫다	shut[ʃət]	shut[ʃət]	shut[ʃət]
노래하다	sing[siŋ]	sang[sæŋ]	sung[səŋ]
가라앉다	sink[siŋk]	sank[sæŋk]	sunk[səŋk]
앉다	sit[sit]	sat[sæt]	sat[sæt]
잠자다	sleep[sli:p]	slept[slept]	slept[slept]
말하다	speak[spi:k]	spoke[spouk]	spoken[spoukn]
소비하다	spend[spend]	spent[spent]	spent[spent]
서다	stand[stænd]	stood[stud]	stood[stud]
훔치다	steal[sti:l]	stole [stoul]	stolen[stoulən]
치다(때리다)	strike[straik]	struck[strək]	struck[strək]

뜻(의미)	현 재	과 거	과거분사
헤엄치다	swim [swim]	swam[swǽm]	swum [swəm]
취하다	take[teik]	took[tuk]	taken[téikn]
말하다	tell[tel]	told[tould]	told[tould]
가르치다	teach[ti:tʃ]	taught[tɔ:t]	taught[tɔ:t]
생각하다	think[θiŋk]	thought[θɔ:t]	thought[θɔ:t]
던지다	throw[θrou]	threw[θru:]	thrown[θroun]
이해하다	understand [ʌ́ndərstænd]	understood [ʌ́ndərstúd]	understood [ʌ́ndərstúd]
(글을) 쓰다	write[rait]	wrote[rout]	written[ritn]
울다	weep[wi:p]	wept[wept]	wept[wept]

《 해답편 》

▶ EXERCISE 1 (발음기호 공부)

1) ① 어~ ② 아: ~ ③애 ④ 우 - ⑤ 어 ⑥ 오 ⑦ 어 ⑧ 에어~
⑨ 아우 ⑩ 오이 ⑪ 이어 ⑫ 오어 ~ ⑬ 우어~ ⑭ 이어 ~ ⑮ ㅍ(v)
⑯ ㅋ(ㅋ) ⑰ ㅊ(ㅊ) ⑱ ㅆ(쓰). ㄷ(드) ⑲ 쉬.시 ⑳ ㄷ(드)

2) ①book(책) ②sun태양 ③father(아버지) ④doctor(의사)
⑤park(공원) ⑥egg(달걀) ⑦table(탁자) ⑧boy(소년) ⑨door(문)
⑩pig(돼지) ⑪five(5,다섯) ⑫sky(하늘) ⑬rose(장미)
⑭top(꼭대기) ⑮king(왕) ⑯bed(침대) ⑰milk(우유) ⑱chair(의자)
⑲she(그여자) ⑳this(이것) ㉑thank(감사하다) ㉒what(무엇)

3) (1) [a] - ② [ʌ] - ③ [ə] - ①
(2) [e] - ② [ɛ] - ① [æ] - ③

▶ EXERCISE 2 (철자와 발음)

1) ① æ ② ɔ: ③ ə ④ ɛər ⑤ ɔ:
⑥ ɑ:r ⑦ s ⑧ ei ⑨ k ⑩ tʃ
⑪ i ⑫ dʒ ⑬ ər ⑭ e ⑮ i:
⑯ i ⑰ 묵자 ⑱ ŋ ⑲ ou ⑳ ɔər

2) ① chair ② ball ③ park ④ play ⑤ law
⑥ catch ⑦ child ⑧ bridge ⑨ bear ⑩ father
⑪ monkey ⑫ home ⑬ school ⑭ door ⑮ English

3) ① 끝, 첫, 다른 ② 음, 높이, 내리는
③ 힘, 부분, 액센트, 해당, 「′」 ④ 액센트, 강약, 인터네이션

4) ① g ② k ③ b ④ gh ⑤ gh
⑥ l ⑦ l ⑧ l ⑨ t ⑩ e

▶ EXERCISE 3 (be동사 평서문)

1) (1) 나는 의사입니다. (2) 당신은 간호사입니다.
(3) 메리는 미국소녀입니다. (4) 제인은 학생입니다.
(5) 그녀는 메리입니다. (6) 저분은 미쓰 송입니다.
(7) 그는 선생님입니다. (8) 이것은 사과입니다.
(9) 이 사람은 사무원입니다. (10) 저 사람은 미스터 장입니다.

2) (1) I am a student. (2) You are a nurse.
(3) That is John. (4) She is a designer.
(5) This is a book. (6) That is a table.
(7) That is a policeman. (8) This is Miss Kim.
(9) Seoul is a city. (10) Min-soo is a Korean boy.

3) (1) Jonn is a student (2) Paris is a city.
(3) She is a designer. (4) It is an apple.
(5) This is a book. (6) This is a farmer.
(7) Jane is a teacher. (8) That is a table.
(9) This is Judy. (10) Mr. Kim is a player.

4) (1) girl (2) designer (3) artist (4) teacher
(5) policeman (6) doctor (7) American girl (8) city
(9) Korean boy (10) nurse (11) London (12) book
(13) player (14) singer (15) that (16) this

(17) door (18) table (19) bed (20) chair
(21) Miss Han (22) egg (23) cat (24) dog
(25) album (26) student (27) she (28) farmer
(29) all (30) there (31) true (32) ready

▶ EXERCISE 4 (be동사 복수형, 평서문)

1) (1) we (2) they (3) these (4) girls (5) men
(6) children (7) babies (8) Swiss (9) brothers (10) wolves
(11) benches (12) potatoes

2) (1) They are girls. (2) They are players.
(3) You are singers. (4) This is his father.
(5) Dogs are faithful. (6) Those are her potatoes.
(7) Babies are pretty.
(8) These flowers are very beautiful.

3) (1) are (2) is (3) am (4) is (5) is (6) are (7) is

4) (1) a-x (2) players (3) Wolves (4) These (5) baby

5) (1) 그 자매들은 간호사입니다.
(2) 이 차는 장난감차입니다.
(3) 이 사람들은 우리의 부모님들입니다.
(4) 이 꽃은 대단히 아름답습니다.
(5) 남자들은 힘이 셉니다.

6) (1) We are singers. (2) They are designers.
(3) They are doctors. (4) These cars are toys.

(5) He is a soccer player.

(6) I am a tennis player

(7) They are students.

(8) There flowers are very beautiful.

▶ EXERCISE 5 (be동사 의문문)

1) (1) Is she a girl ?

(2) Are they farmers ?

(3) Is this a table ?

(4) Is that my shirt ?

(5) Are they diligent ?

(6) Are these books Ann's ?

(7) Is it her doll ?

(8) Is that not his book ?

(9) Is this her teacher ?

(10) Are these girls' toys?

2) (1) Is he kind ? Yes, he is. He's very kind.

(2) Are these your books ? No, they aren't. They're his books.

(3) Is he tall ? No, he isn't. He's short.

(4) Is this shirt yours ? No, it isn't. It's my brother's.

(5) Are these toys Min-soo's ?

Yes, they are. They're Min-soo's.

3) (1) isn't. She's (She is)

(2) I'm, I'm (I am)

(3) it is. It's (It is)

(4) they

(5) isn't She's (She is)

(6) they

4) (1) 그는 가난합니까?

예, 그렇습니다. 그는 무척 가난합니다.

(2) 저 소년은 키가 큽니까?

아니오, 그렇지 않습니다. 그는 키가 작습니다.

(3) 이 학생은 일본인입니까?

아니오, 그렇지 않습니다. 그분은 중국인입니다.

(4) 그들은 경찰관들입니까?

예, 그렇습니다.

(5) 이것들은 아기들의 장난감들입니까?

예, 그렇습니다.

▶ EXERCISE 6 〈have(has), do(does)〉

1) (1) Do (2) Does (3) have (4) hav (5) Does
(6) has (7) have (8) Do

2) (1) Do you have a dog?
(2) Do we have many apples and pears?
(3) Does he have a good boat?
(4) Does the house have three windows?
(5) Does the kite have two tails?
(6) Does Jane have many friends?

3) (1) Does, have (2) Does, have (3) Do, have
(4) has, books (5) Does, have

4) (1) have (2) they, They (3) doesn't, has
(4) she, She (5) he, has (6) I, have
(7) she, has

▶ EXERCISE 7 〈일반동사〉

1) (1) goes (2) studies (3) be (4) is (5) be

2) (1) able to (2) have to

(3) do have (4) can

(5) have to

3) (1) does, know (2) do, speak

(3) have to, go (4) does, like

(5) play, a(또는)the

4) (1) They run very fast.

(2) She can't swim quickly.

(3) Mi-ra can speak English well.

(4) He looks happy.

(5) Jane may not come back tomorrow.

(6) Does Mary go to school at nine?

No, she doesn't. She goes to school at eight.

(7) Must you go there?

No, I need not.

5) (1) 당신은 그 사람을 알지 못합니다.

(2) 그녀는 오늘밤 출발해야 할 것입니다.

(3) 당신은 즉시 그 일을 해야 합니다.

(4) 도와 드릴까요? (당신을 도와드려도 됩니까?) 아니요, 그러지 마십시오.

(5) 당신은 밤에 TV를 봅니까?

아니오, 그렇지 않습니다. 나는 오후에 TV를 봅니다.

▶ EXERCISE 8 〈의문사, 기타〉

1) (1) What (2) Who (3) What (4) Who (5) What

(6) Whose (7) When (8) Which (9) Whose (10) How

2) (1) What time (2) What day (3) How much
(4) Where is (5) How tall

3) (1) January (2) February (3) March (4) April
(5) May (6) June (7) July (8) August
(9) September (10) October (11) November (12) December

4) 기수
(1) one (2) two (3) three (4) four (5) five
(6) six (7) seven (8) eight (9) nine (10) ten
(11) eleven (12) twelve (13) thirteen (14) fourteen (15) fifteen
(16) sixteen (17) seventeen (18) eighteen (19) nineteen (20) twenty

서수
(1) 1st = the first (2) 2nd = the second
(3) 3rd = the third (4) 4th = the fourth
(5) 5th = the fifth (6) 6th = the sixth
(7) 7th = the seventh (8) 8th = the eighth
(9) 9th = the ninth (10) 10th = the tenth
(11) 11th = the eleventh (12) 12th = the twelfth
(13) 13th = the thirteenth (14) 14th = the fourteenth
(15) 15th = the fifiteenth (16) 16th = the sixteenth
(17) 17th = the seventeenth (18) 18th = the eighteenth
(19) 19th = the nineteenth (20) 20th = the twentieth

▶ EXERCISE 9 〈명령문, 감탄문〉

1) (1) (a) : Play soccer everyday.

(b) : Don't play soccer everyday.

(2) (a) : Come here in the morning.

(b) : Don't come here in the morning.

(3) (a) : Be kind to pretty girls.

(b) : Don't be kind to pretty girl.

(4) (a) : Be rich.

(b) : Don't be rich.

(5) (a) : John, pick the flowers.(=fick the flowers.)

(b) : John, don't pick the flowers.

2) (1) What a lovely dog that is!

(2) What poor old people they are!

(3) What a happy woman she is!

(4) How interesting the story is!

(5) How diligent he is!

3) (1) window 다음에 콤머「 , 」를 찍을 것.

(2) Be not가 아니고, Don't be.

(3) Do가 아니고, 「be」

(4) she가 아니고, she의 목적격인 「her」.

(5) What a pretty girl she is!

(6) 복수형 문장이므로, What 다음에 「a」가 없음.

(7) 「is she」가 아니고, 「she is」

(8) 「runs he」가 아니고, 「he runs」

▶ EXERCISE 10 〈There is (are), 진행형, 기타〉

1) (1) Is there a park near here?

Yes, there is.

(2) Is there any milk in the refrigerator?

No, there isn't.

(3) I'm going to LA tomorrow.

(4) What is he doing in his room?

He's watching TV.

(5) What are you doing now?

We're playing baseball now.

(6) Doesn't she have a piano?

No, she doesn't.

(7) Aren't they diligent?

No, they aren't

(8) Doesn't he study hard?

Yes, he does.

2) (1) No, there isn't. Yes, there is.

(2) Mary is walking with Ann.

(3) Yes, I am.

(4) No, he isn't.

(5) Yes, he does.

3) (1) Are (2) some (3) is (4) Are (5) are

4) (1) I am reading a book.

(2) I am riding a horse.

(3) She is watching TV.

(4) He is listening to music.

(5) They are swimming in the river.

▶ EXERCISE 11 〈과거동사와 미래형〉

1) (1).(a) Does she study English hard?

(b) She studied English hard.

(c) Did she study English hard?

(2).(a) Was Min-ho at Tae-soo's home yesterday?

(b) Wasn't Min-ho at Tae-soo's home yesterday?

(c) Yes, he was.

(3).(a) Does she often go there?

(b) Did she often go there?

(c) No, she didn't.

(4).(a) John is going to play basball.

(b) John is not going to play baseball.

(c) Is John going to play baseball?

(5).(a) He will go to Busan today.

(b) Will he go to Busan today?

(c) Yes, he will.

(6).(a) He will be able to swim well.

(b) Will he be able to swim well?

(c) Yes, he will.

(7).(a) They will come here by car.

(b) Will they come here by car?

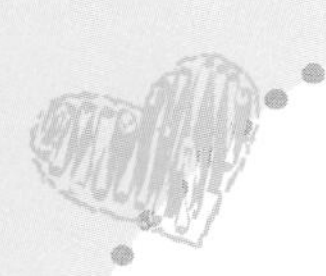

(c) No, they won't.

(8). (a) He will arrive here at seven.

(b) He has arrived here.

(c) He has not arrived here.

(9). (a) She has often come here.

(b) Has she ever come here?

(c) No, she hasn't.

2) (1) was (2) going (3) Did (4) have (5) came

(6) studied (7) be (8) be (9) been (10) become

3) (1) were (2) he did (3) Did, he (4) will (5) Will

4) (1) How old were you last year?

I was twelve (years old).

(2) Where was he on Saturday?

He was at home.

(3) Will it be fine tomorrow?

(4) Shall we play soccer this afternoon?

(5) Has she ever visited Paris?

Basic English

왕초보 기초 영어 입문

인쇄일 | 2018년 1월 10일
발행일 | 2018년 1월 20일(3쇄)
지은이 | 어학연구소 저
대 표 | 장삼기
펴낸이 | 신지현
펴낸곳 | 도서출판 사사연

등록번호 | 제10 – 1912호
등록일 | 2000년 2월 8일
주소 | 서울시 강서구 화곡동 355-14 위하우스 A동 601호
전화 | 02-393-2510, 010-4413-0870
팩스 | 02-393-2511

인쇄 | 성실인쇄
제본 | 동신제책사
홈페이지 | www.ssyeun.co.kr
이메일 | sasayon@naver.com

임시특가 12,000원
ISBN 979-11-956510-5-4 03740